PUBLICATION DE LA RÉUNION DES OFFICIERS

HISTORIQUE

DU

8ᵉ RÉGIMENT DE CUIRASSIERS

1665-1874

—————

PARIS

CH. TANERA, ÉDITEUR

LIBRAIRIE POUR L'ART MILITAIRE, LES SCIENCES ET LES ARTS

Rue de Savoie, 6

—

1875

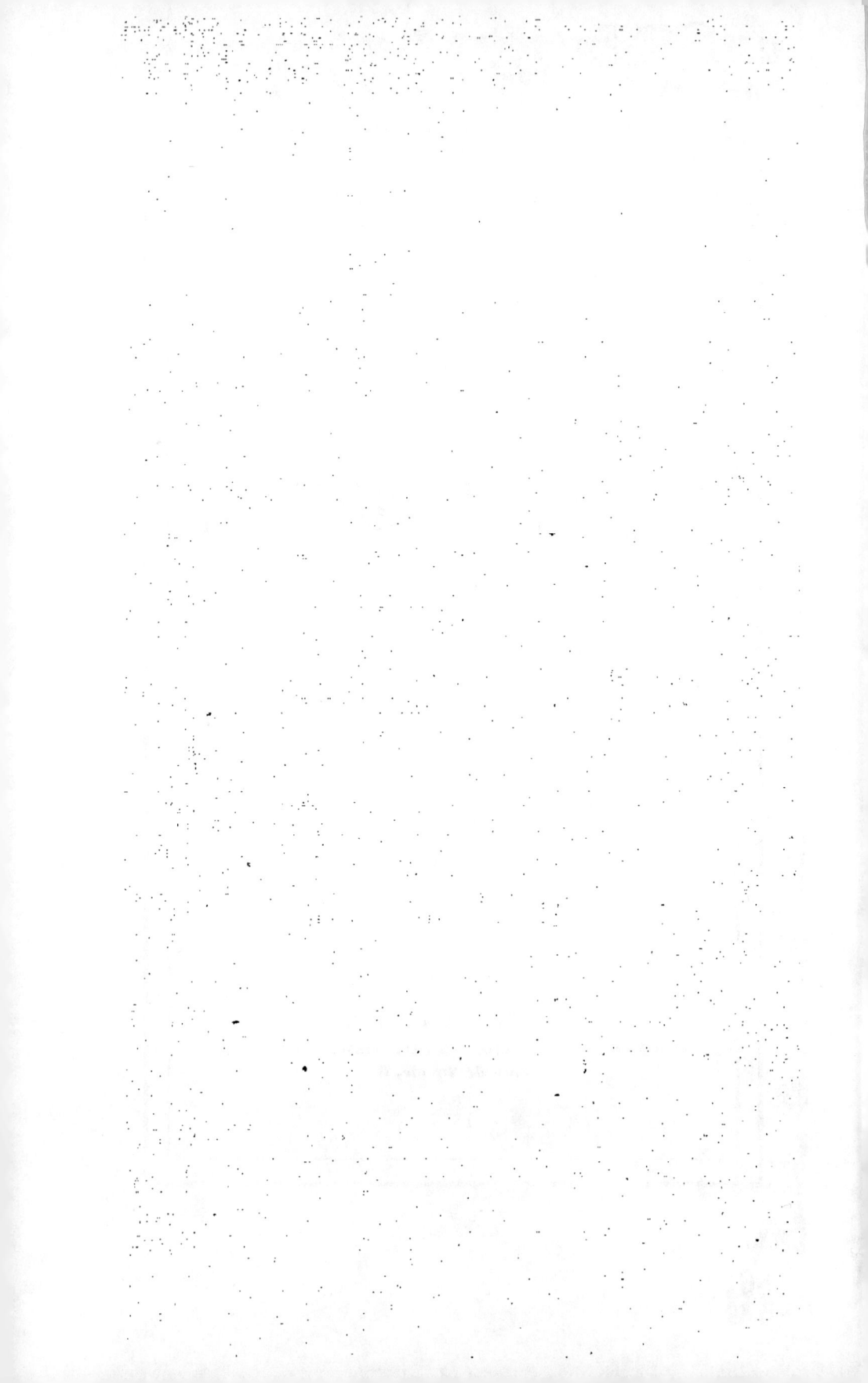

HISTORIQUE

DU

8ᵉ RÉGIMENT DE CUIRASSIERS

ÉVREUX, IMPRIMERIE DE A. HÉRISSEY ET FILS.

PUBLICATION DE LA RÉUNION DES OFFICIERS

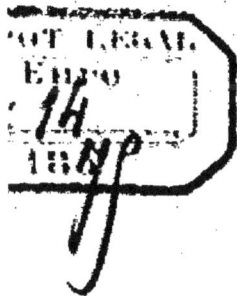

HISTORIQUE

DU

8ᵉ RÉGIMENT DE CUIRASSIERS

1665-1874

PARIS

CH. TANERA, ÉDITEUR

LIBRAIRIE POUR L'ART MILITAIRE, LES SCIENCES ET LES ARTS

Rue de Savoie, 6

—

1875

HISTORIQUE

DU

8ᵉ RÉGIMENT DE CUIRASSIERS

I

FORMATION DES CUIRASSIERS DU ROI. — PASSAGE DU RHIN. — BATAILLE DE SENEF.

Les guerres de Louis XIV se faisaient surtout avec la cavalerie; à certaines époques de son règne, le nombre des régiments de cette arme dépasse 400, sans y comprendre les nombreux escadrons étrangers à la solde de la France, et les dragons qui formaient alors une arme intermédiaire entre la cavalerie et l'infanterie. La composition de chaque régiment était variable; elle comprenait de 3 à 5 escadrons, et l'escadron de 2 à 6 compagnies de 30 hommes chacune. Les règlements de Louvois n'avaient pas encore donné à nos armées cette unité de commandement et d'action qu'elles acquirent dans la suite; les guerres se succédaient, du reste, si rapidement, la levée des milices et la formation des régiments présentaient encore tant d'irrégularités, que les réformes du grand ministre ne pouvaient donner immédiatement des résultats. Il faut tenir compte aussi de la période de transformation que subissait l'art de la guerre, qui ne permettait pas d'établir d'une manière précise les proportions des différentes armes dans l'armée française. C'est à cette époque que remonte le 8ᵉ cuirassiers. Il fut levé par M. le maréchal d'Aumont, en 1665, sous le nom de régiment de cuirassiers du roi, et prit dans l'ordre des régiments de cavalerie le nᵒ 7, immédiatement après le royal-étranger, qui avait le nᵒ 6.

Seul des régiments de cavalerie, il portait le nom de cuirassiers, qu'il devait conserver jusqu'au 1ᵉʳ janvier 1791. Sa tenue était la même que celle des autres régiments de cavalerie. Nous la retrouvons à peu près identique en 1722 : l'habit était bleu, veste et culotte jaunes, collet, revers et parements rouges, boutons blancs; il n'était cuirassé que devant, par un plastron de 7 kilogrammes et demi; le chapeau était garni d'une calotte en fer, pour protéger la tête des coups de sabre.

Les cuirassiers du roi débutèrent brillamment devant l'ennemi. Louis XIV avait commencé la guerre de Hollande avec l'élite de son armée; au mois de juin 1672 il allait tenter le passage du Rhin. Cette opération était difficile, et, malgré les critiques dont elle a été l'objet, elle n'en reste pas moins une des gloires de notre histoire et un des passages de rivière devant l'ennemi les mieux réussis; le poëte qui l'a célébré se trouve très-près de la vérité. Les cuirassiers du roi eurent l'honneur de franchir le fleuve les premiers,

sous les ordres du comte de Revel, qui les commandait. Dans ses *Mémoires concernant les Provinces-Unies
des Pays-Bas*, M. le comte de Guiche nous donne une
relation trop originale et trop sincère de cette opération pour ne pas la mentionner :

« Je trouvai M. le prince, qui s'était avancé à la batterie,
avec Monsieur. Je lui dis les mêmes choses qu'au roi et l'ordre
que j'en avais reçu. Il me dit : « Allons-nous-en voir ensem-
« ble. » Il fut suivi par quelques courtisans et des officiers de
son armée, et, par le chemin, me repassant tout ce qui en
pouvait arriver, il me dit « qu'il craignait le succès pour
« moi, que c'était des choses à tenter avec de la cavalerie polo-
« naise ou tartare, mais que d'une part la nouveauté effraye-
« rait nos cavaliers; que je ne serais suivi que de peu d'offi-
« ciers seulement, et que le reste se noierait ou ne soutiendrait
« pas la charge des ennemis »; car on voyait leurs vedettes
sur le bord. Je n'avais aucune bonne raison à opposer aux
siennes, si ce n'est que « je serais pris ou tué de l'autre côté;
« que mes gens me suivraient; qu'entre la haie et la tour il
« n'y avait d'espace que pour un escadron; qu'ainsi ma tête
« de colonne pourrait aussi bien renverser la leur, qu'il leur
« serait possible de renverser la mienne; qu'il voyait la néces-
« sité de l'action; que rien de ce qu'il fallait pour faire son
« pont n'était arrivé; qu'il n'avait que ses méchants bateaux
« de cuivre qu'un coup de canon de la tour coulerait à fond
« sans remède; que le poste, ayant été dégarni, venait d'être
« ressaisi par les ennemis; qu'il ne pouvait savoir par combien
« d'hommes, et qu'apparemment ce serait une tête de leur
« armée ». Il me dit « que ces mêmes raisons faisaient toutes
« contre moi ». Cependant il s'avança jusqu'à l'eau avec
M. son fils, ses gens, les miens et feu Nogent, qui l'avait suivi.
On lui fit une salve pareille à celle que j'avais reçue. Il se
retira ensuite et m'envoya aux escadrons, que je fis avancer;
les ayant fait décharger de tous leurs sacs et de leurs manteaux, je leur représentai que le roi et M. le prince étaient
là, et leur dis de rang en rang tout ce qui pouvait les obliger à

bien faire, et j'avoue que la gaieté avec laquelle tous me répondaient me donna une confiance entière du bon succès. Les six premiers escadrons de la brigade de Pilois, commandés par lui, étaient : deux de cuirassiers, deux de Pilois et deux de Bligny. Le reste de l'aile venait ensuite; mais dès que ces six-là furent prêts, M. le prince les fit avancer jusqu'au bord, néanmoins un peu à couvert d'un petit rideau bordé de saules. Je détachai le baron de Bégolles, le chevalier de Lavedan, Sponheim et la Villette pour nous montrer le chemin qu'ils avaient déjà reconnu. M. le prince, suivi de M. son fils et de moi seulement, vînmes jusqu'à l'entrée de l'eau pour voir comment ils passeraient; ils le firent d'un tel air, en menaçant les vedettes ennemies, que M. le prince fit signe à l'instant à l'escadron de les suivre. Dans ce temps-là Pilois et moi nous nous jetions à l'eau avec tous nos gens. Que dirai-je? la fine fleur de cavalerie y passe en même temps, le duc de Coislin, etc., etc..... Tout cela formait ensemble un gros de quarante chevaux, suivi sur les talons par Revel et le premier escadron de cuirassiers.

« M. le prince, toujours vis-à-vis de cette tour, fait serrer et amène tout le monde, et retient la bride du cheval de M. le duc, son fils, qui voulait passer à toute force. Dans ce temps, ma première troupe avait déjà pris pied et était déjà sur la rive, lorsque les vedettes ennemies font signe à leurs gens qui débandèrent un gros escadron sur elle. Mes gens, voyant qu'ils étaient trop faibles pour le soutenir avec si peu d'hommes, rentrèrent cinq ou six dans l'eau, et, dès qu'ils virent que nous, qui nagions encore, les atteignions, ils s'avancèrent et se mêlèrent à coups d'épée. La droite des ennemis fit fort bien son devoir et perça jusqu'à moi qui nageais encore : en sorte que le cheval de Pilois, effrayé du feu, se renversa sur le mien et manqua me noyer. Mais mon cheval étant extrêmement hardi, je ne feignis pas à lui donner une saccade et de le tourner à gauche, de sorte que d'un élan il passa sur la croupe de celui de Pilois et me tira d'affaire. Il était encore en balance qui céderait des ennemis ou de nous. Nous les voyons soutenus de deux autres grands escadrons, quand le roi fit tirer notre canon très à propos, qui, commençant d'ébranler leur gauche, notre droite leur entra dans le flanc, et le désordre se mettant dans l'escadron de derrière, nous les culbutâmes tous l'un sur l'autre. Tout le monde les poussa, et je retournai aux cuirassiers pour les faire doubler et en former un escadron.

« Je vis là le plus pitoyable spectacle du monde, plus de trente officiers ou cavaliers noyés ou se noyant et Revel à leur tête. Enfin, le Rhin plein d'hommes, de chevaux, d'étendards, de chapeaux et d'autres choses semblables, car le feu de la droite des ennemis avait été assez meurtrier pour effrayer les chevaux qui, se jetant sur la droite, tombaient dans un courant dont personne ne revenait. Ce fut là que je vis Brassalay, le cornette des cuirassiers, dont le cheval s'était renversé au milieu de l'eau, étant botté et cuirassé, nager d'un bras et sauver son étendard de l'autre. Enfin cet escadron se forme, des cuirassiers se jettent gaiement à l'eau, voyant tout le désordre du premier, et M. le prince faisant serrer le reste avec une telle diligence, quoiqu'il s'en noyât sans cesse, qu'en un moment j'eus quatre ou cinq escadrons de l'autre côté de l'eau. J'avais déjà passé la haie avec le premier escadron de cuirassiers, et, trouvant une petite plaine, je commençai d'étendre ma droite vers le Rhin, qui fait un coude en cet endroit, et ma gauche au village de Tolhuys, mon front étant vers le Bétaw. »

M. le comte de Guiche, continuant son récit si plein de verve, nous parle de la mise en déroute de l'ennemi par les cuirassiers. M. de Langalerie, major du régiment, fut nommé quelque temps après colonel pour sa belle conduite. Le comte de Revel avait reçu cinq blessures, et son cheval avait été tué sous lui. On ne peut comparer au passage du Rhin que le passage du Lech, par Moreau. Les cuirassiers du roi l'exécutèrent pour inaugurer leur drapeau devant le grand roi et le grand Condé.

On les retrouve deux ans plus tard (11 août 1674)

faisant la campagne de Flandre et prenant part à la bataille de Senef; ils combattent encore dans l'armée, sous les yeux et au commandement de Condé.

Le prince d'Orange, un des hommes les plus remarquables de ce temps, est à la tête de l'armée de Hollande, renforcée des Impériaux, qui sont nos constants ennemis dans toutes les guerres de Louis XIV. Il s'est établi à Senef, et commence un mouvement sur Ath, que Condé laisse se dessiner. Quand les troupes ennemies sont en marche, il se jette, à la tête des gardes du corps et de la brigade Tilladet (cuirassiers du roi et les cravates), sur leur arrière-garde, formée d'un régiment d'infanterie et des régiments de cavalerie de Baden et de Holstein, avec artillerie, et les met en complète déroute. Une grande bataille s'engage; les Hollandais sont vaincus, laissant entre nos mains 3,000 prisonniers, 2 pièces de canon, 2 mortiers, 100 drapeaux et 1,500 chariots.

Parmi les prisonniers se trouvaient le duc d'Holstein, le duc de Nassau, le comte de Solms; on les laisse libres sur parole de se rendre à Reims et de se constituer prisonniers, *même si dans la route ils étaient enlevés par des troupes de leur parti.* Nous n'étions pas encore au temps où les paroles d'honneur, données surtout à l'ennemi, étaient violées.

Les cuirassiers du roi continuent de faire la guerre en Flandre, et, le 11 avril 1677, ils prennent part à la bataille de Cassel.

II

LICENCIEMENTS ET RECONSTITUTIONS DU RÉGIMENT. — FIN DES GUERRES DE LOUIS XIV. — RÉORGANISATION DE LA CAVALERIE SOUS LOUIS XV. — EFFECTIF ET NOMS DE QUELQUES COLONELS ET COMMANDANTS EN DEUXIÈME. — ORGANISATION DES RÉGIMENTS DE CAVALERIE D'APRÈS L'ORDONNANCE DU 25 MARS 1776.

Le 8 août 1679, les cuirassiers du roi sont licenciés; le 15 janvier 1684, on les rétablit; licenciés de nouveau en septembre de la même année, ils sont définitivement remis sur pied en août 1688 et demeurent constitués jusqu'à la fin de 1790.

A peine reformés, on les envoya en Flandre, où ils firent partie de l'armée de siège de Philipsbourg (28 septembre au 30 octobre 1688), puis en Allemagne, où ils comptent pendant les années 1689 et 1690 dans les armées du duc de Duras.

Rappelés en Flandre en 1692, ils prirent part au siège de Namur (26 mai au 5 juin), retournèrent en Allemagne de 1692 à 1695, et une dernière fois en Flandre en 1696 et 1697.

Pendant ces longues guerres auxquelles les cuiras-

siers du roi avaient pris une si large part, la cavalerie
rendit de tels services qu'après la paix de Ryswick
(1698) 119 régiments de cavalerie furent conservés.

En 1701, la guerre de la succession d'Espagne se
prépare, et l'on crée 19 nouveaux régiments, ce qui en
porte le nombre à 138. Les régiments étrangers, à
notre solde, furent très-augmentés, ainsi que les dragons, qui constituent toujours une arme séparée.

De 1702 à 1706, les cuirassiers du roi font la guerre
en Italie. Le 15 août 1702, ils se distinguent à la bataille de Luzzara, et M. de Langalerie adresse directe-
ment un rapport au roi pour indiquer la part qu'il a
prise dans cette bataille. En 1703, le régiment passe
de l'armée du prince de Vaudemont dans celle du duc
de Vendôme (siége et prise de Verceil, 14 juin au
20 juillet 1704), et en 1706 il est sous les ordres du
duc d'Orléans et du maréchal de Marsin, qui assiégent
Turin. Il fait partie de la brigade de Bonneval, avec
deux escadrons la Bretèche et deux escadrons la Tau-
patière. Il occupe la droite de la ligne de cavalerie qui
soutient les lignes d'infanterie, s'appuyant à la Stura,
derrière le régiment de la marine. Le feu des Impériaux
sur notre infanterie fit beaucoup souffrir cette cavalerie
qui en était fort près. Quand nos lignes furent forcées,
la brigade de Bonneval chargea vigoureusement, mais
son chef fut fait prisonnier dans cette charge.

Des armées d'Italie, les cuirassiers du roi sont envoyés
à celles d'Allemagne en 1707, et eurent une brillante
affaire au camp d'Offenbourg, le 24 septembre. Ils
étaient commandés par le marquis de Langeais.

De 1710 à 1712, trois escadrons sont à l'armée du Rhin, sous les ordres des maréchaux d'Harcourt et de Bezons.

En 1712, ils vont en Flandre, et en 1713 trois escadrons, sous Villars, assistent au siége et à la prise de Landau (24 juin, 21 août) et de Fribourg (30 septembre, 16 novembre).

De si longues guerres avaient ruiné la fortune de la France et nécessité de grands licenciements dans son armée. Aussi, après la paix de Rastadt (6 mars 1714), on réduisit les régiments de cavalerie à 73. Le nombre des escadrons dans le régiment et des compagnies dans l'escadron varie encore d'un régiment à l'autre et ne sera uniformément fixé qu'en 1738; chaque régiment comprendra alors quatre escadrons à deux compagnies.

Louis XV conserva 65 régiments de cavalerie et 16 de dragons jusqu'en 1761. A cette date on réduit à 34 le nombre des corps de cavalerie; les 27 supprimés furent incorporés dans les autres. Les cuirassiers du roi reçurent le régiment Ray, qui avait été levé en 1674, sous le nom de la Margelle. En 1779, ils fournirent un escadron complet au 2ᵉ régiment de chevau-légers.

Les documents qui nous restent sur les opérations militaires du règne de Louis XV sont fort incomplets ; on n'y trouve pas ces ordres de bataille que les généraux de Louis XIV donnaient à la suite de chaque affaire. Il a donc été impossible de reconstituer l'histoire du régiment sous ce règne. Nous savons seulement qu'il fait la guerre de la succession d'Autriche et celle de Sept ans. L'état des forces militaires de la France, publié chaque année, nous donne le nom de ses colonels. En 1735, l'uniforme était habit, veste et manteau bleu de roi, doublure rouge, parements demi-écarlate, boutons d'argent, bandoulière blanche, culotte de peau de chèvre, chapeau bordé d'un grand galon d'argent fin. Le régiment avait ses étendards en soie bleue, soleil au milieu, quatre fleurs de lis brodées d'or aux coins et franges d'or.

Ses officiers supérieurs étaient, en 1735 :

Colonel, marquis d'Havrincourt, mestre de camp ;

Lieutenant-colonel, d'Héronval ;

Major, le chevalier de Naillac.

Son effectif se composait de :

38 officiers, 12 maréchaux des logis, 480 cavaliers.

En 1777 :

Commandant le régiment, M. le comte de Civrac ;

Commandant en deuxième, M. le comte de Chevigné.

En 1779, le régiment tient garnison à Lille. Voici la composition de son état-major :

Commandant, le comte Durfort de Civrac, mestre de camp ;

Commandant en deuxième, le comte Louis de Durfort ;

Lieutenant-colonel, le chevalier de France ;

Major, le marquis de Quinemont, avec rang de lieutenant-colonel.

Parmi les capitaines était M. de Mac-Mahon.

En 1786 :

Commandant, le vicomte d'Ecquevilly, mestre de camp ;

Commandant en deuxième, le comte d'Archiac.

Avant de terminer ce chapitre, il ne semble pas inutile de rappeler l'organisation du régiment de cavalerie, par l'ordonnance du 25 mars 1776, qui modifie sensiblement celle de 1738.

Chaque régiment a 5 escadrons dont 4 de cavalerie et 1 de chevau-légers. Il y a, en outre, un escadron qui, sous le nom d'auxiliaire, doit, en temps de guerre, pourvoir au remplacement des hommes et des chevaux qui viendraient à manquer dans les autres escadrons de cavalerie et de chevau-légers.

Chaque escadron de cavalerie ou de chevau-légers forme une compagnie dont voici le cadre :

1 capitaine commandant ;
1 capitaine en second ;
2 lieutenants ;
2 sous-lieutenants ;
1 maréchal des logis chef ;
1 maréchal des logis ;
1 fourrier écrivain ;
8 brigadiers ;
1 cadet gentilhomme ;
152 maîtres (cavaliers) ;
2 trompettes ;
1 frater ;
1 maréchal ;

Formant un total de 174 hommes, y compris les officiers.

Les cadres de l'escadron auxiliaire sont les mêmes.

L'état-major est composé de :

1 mestre de camp commandant ;

1 mestre de camp commandant en deuxième ;

1 lieutenant-colonel (ces deux derniers officiers ont chacun une compagnie) ;

1 major ;

1 quartier-maître trésorier ;

2 porte-étendard ;

1 adjudant ;

1 chirurgien-major ;

1 aumônier ;

1 maître maréchal ;

1 maître armurier ;

1 maître sellier.

III

LES CUIRASSIERS DU ROI PRENNENT SUCCESSIVEMENT LES N°ˢ 6
ET 8 DANS L'ORDRE DES RÉGIMENTS DE CAVALERIE. — ILS
FONT PARTIE DE L'ARMÉE DU NORD. — AFFAIRE DE
MARQUIN. — ILS SONT ENVOYÉS A L'ARMÉE DU CENTRE.
— BATAILLE DE VALMY. — ARMÉE DE LA MOSELLE.

En 1790, les cuirassiers du roi prennent le n° 6;
le 1ᵉʳ janvier 1791, ils deviennent le 8ᵉ régiment de
cavalerie et conservent leur armement. Le chevalier
Charles Lameth le commande.

Il est remplacé le 25 février 1792 par le colonel
Randan de Pully, nommé général de brigade quelques
mois après. Celui-ci avait pour successeur dans son
commandement, le 26 octobre de la même année, le
colonel Després-Marlière.

Le 1ᵉʳ mars 1792, le 8ᵉ régiment de cavalerie, en
garnison à Béthune, comptait 436 hommes à l'effectif;
les 24 régiments de cavalerie, 10,800, et toutes les
troupes à cheval, 29,284. Ce chiffre témoigne, si on le
rapproche de celui de l'infanterie à cette époque, de
l'importance et du soin qu'on donnait alors à la cavalerie.

Par suite de la déclaration de guerre à la maison d'Autriche, faite sur la proposition du roi, le 30 avril 1792, et pour concourir à la formation des trois armées de Flandre, de Metz et d'Alsace, les régiments de cavalerie doivent présenter *deux escadrons de bataille* de 150 hommes montés par escadron.

Les deux escadrons du 8ᵉ de cavalerie sont incorporés à l'armée du nord, commandée par le maréchal de Rochambeau.

Le 28 avril, une division d'expédition formée ainsi qu'il suit :

Avant-garde. — 2 escadrons du 6ᵉ chasseurs à cheval ;

Tête de colonne. — 2 escadrons du 1ᵉʳ cavalerie ;

Colonne. — 24ᵉ et 90ᵉ d'infanterie, 2 escadrons du 8ᵉ cavalerie ;

Arrière-garde. — 2 escadrons du 13ᵉ cavalerie, aux ordres du général Théobald Dillon, part de Lille à 10 heures du soir pour marcher sur Tournay. Cette colonne comptait 3,600 hommes.

Elle arrive le lendemain, 29 avril, à 4 heures 1/2 du matin, au pied de la colline de Marquin. Vers 4 heures, les chasseurs à cheval du 6ᵉ régiment avaient passé la frontière et chargé un piquet de dragons autrichiens, qui se retira en entraînant avec lui les troupes ennemies cantonnées à Marquin, village à 3 kilomètres de Tournay. A 5 heures 1/2, les chasseurs du 6ᵉ engagent le feu, avec 200 cavaliers autrichiens qui soutiennent la retraite.

A 9 heures 1/2 du soir, tandis que la colonne expéditionnaire prenait ses dispositions pour bivouaquer à Marquin, 3,000 cavaliers autrichiens se présentent à l'improviste. Les escadrons, surpris au repos, se retirèrent en hâte en criant : *Sauve qui peut, nous sommes trahis!* et culbutent l'infanterie.

Dans cette confusion, le général Dillon reçoit une balle au front et est tué, le 30 avril, dans une grange où il s'était retiré. Les troupes rentrent à Lille ce même jour, à 11 heures du matin. Ce succès changé en déroute rappelle une fois de plus combien il est important de se garder et de conserver du calme dans une panique. Voilà des troupes solides, victorieuses le matin, qui se retirent devant des forces ennemies bien inférieures en nombre et en qualité, pour ne pas s'être rendu compte de ce qu'était l'assaillant. Cette précipitation est trop dans notre caractère pour ne pas nous tenir en garde contre elle et résister au premier mouvement.

Le 19 mai 1792, Rochambeau remet son commandement à Lückner, qui se concentre au camp de Famars. Les deux escadrons du 8ᵉ font brigade avec les 3ᵉ et 10ᵉ de cavalerie, et sont sous les ordres de leur ancien colonel, le maréchal de camp Charles Lameth. Ils occupent la droite de la 1ʳᵉ ligne, commandée par le général Biron, et sont placés entre le village de Famars, près Valenciennes, et l'abbaye de Fontenelle, rive droite de l'Escaut.

Le 12 juillet, le dépôt du 8ᵉ de cavalerie est envoyé à Cambrai. Ce jour-là même, Lückner mettait en marche sur Metz le corps du général Biron, dont faisaient partie les deux escadrons de guerre du 8ᵉ de cavalerie. Cette colonne est le 27 juillet à Longeville près Saint-Avold, où elle campe jusqu'au 4 août. Elle se rend ensuite au camp de Richemont, entre Metz et Thionville.

Le 10 août, les deux escadrons du 8ᵉ cavalerie forment brigade, avec les 1ᵉʳ et 2ᵉ carabiniers, et font partie de la réserve de l'armée du centre, sous le général Valence.

Cette organisation dura peu. Kellermann est nommé général en chef de cette armée; le 8ᵉ cavalerie forme avec le 10ᵉ la brigade du général Randan de Pully, et est compris dans la 1ʳᵉ ligne, aux ordres du maréchal de camp Lynch.

L'armée du centre a devant elle l'armée de Brunswick, qui descend entre Meuse et Moselle. Trop faible pour résister, elle bat en retraite sur Pont-à-Mousson : Kellermann, après plusieurs marches et contre-marches, part de Fresnes en Wœwre, le 18 septembre, pour se rapprocher de Sainte-Ménehould, point de concentration désigné par Dumouriez.

Le 19 septembre, Dumouriez occupe les hauteurs en avant de Saint-Martin-la-Planchette, sa droite à l'armée du nord, sa gauche au moulin de Valmy.

Le 20 septembre, l'armée des coalisés et les armées françaises sont en présence; le 8ᵉ cavalerie est en première ligne, sur le plateau de Valmy. A 6 heures du matin, l'avant-garde de Kellermann, aux ordres du général Desprès-Crassier, est repoussée des abords du quartier général du roi de Prusse, défendu par le corps autrichien de Clerfayt. Les réserves des armées du centre, sous Valence, et du nord, sous le général Lanoue, se maintiennent avec elle sur la colline d'Yvron, et laissent ainsi aux troupes de la 1ʳᵉ ligne de Kellermann, à la brigade Stengel et à la division du général Leveneur de l'armée de Dumouriez, le temps de s'établir en face du moulin de Valmy. Le 21 septembre, Kellermann, placé le 20 à la gauche de Dumouriez, sur un espace resserré avec un marais derrière lui, dut changer de position. Il ordonna un mouvement pour se porter sur la droite de l'ennemi. Le mouvement fut exécuté sans obstacle à 7 heures du matin. L'armée du centre tint dès lors les hauteurs de la rive droite de l'Auve, ayant Dampierre-sur-Auve devant sa droite et les hauteurs retranchées de Voillemont-sur-Yèvre devant sa gauche, occupant Gizancourt. Ce mouvement obligea les Prussiens à refuser leur droite, pour s'établir le long de la route de Châlons.

L'armée des coalisés, harassée et épuisée, commence son mouvement de retraite le 30, passe la Tourbe et se retire sur Vaux-les-Nourous, pour gagner la trouée de Grand-Pré, qu'elle avait forcée le 14 septembre.

20 octobre. — Les ennemis se sont retirés, les Prussiens sur Trèves, les Autrichiens sur le Luxembourg, et l'armée du centre, qui les a suivis, est cantonnée : la 1ʳᵉ ligne, le long de la route de Montmédy, la droite à Gravelotte, près Metz, la gauche à Eix et Moulainville; la 2ᵉ ligne, le long de la route de Verdun, la droite à Gorze, la gauche à Haudimont; la cavalerie, partie sur la route de Sarrelouis, partie sur celle de Thionville;

la réserve, sur la route de Longwy et de Montmédy.

Les deux escadrons du 8ᵉ de cavalerie forment, avec les 4ᵉ, 10ᵉ et 17ᵉ de même arme, la division du maréchal de camp Pully, et sont cantonnés à Bouzonville.

Par suite du décret de la Convention nationale du 1ᵉʳ octobre 1792, qui divise les forces de la République en huit armées, celle du centre prend la dénomination d'armée de la Moselle. Elle est commandée successivement par :

Beurnonville, jusqu'au 6 février 1793;

Ligniville, du 6 février au 4 avril 1793;

Aboville, du 4 avril au 28 du même mois;

Houchard, du 28 avril au 1ᵉʳ août 1793.

Dans les premiers jours de novembre, l'armée de la Moselle est rassemblée à Sarrelouis, pour marcher sur Trèves et s'emparer de cette ville. L'armée, forte de 17,000 hommes, se dirige, le 26 novembre, sur Toley et Rensfeld; elle arrive sous Trèves le 4 décembre.

Les deux premiers escadrons du 8ᵉ de cavalerie, forts de 289 chevaux, firent partie de cette expédition. Mais ils ne furent pas d'un grand secours dans cette courte campagne; la nature du pays, la neige, la glace ne permirent pas d'employer beaucoup la cavalerie, et cependant elle souffrit comme toute l'armée. Elle sut braver les rigueurs de la saison et supporter les privations les plus pénibles: ses pertes en chevaux furent considérables. Après quelques canonnades sur la rive droite de la Sarre, pour s'emparer des hauteurs de Bibelshausen et de Warren, la retraite fut ordonnée.

Les 23 et 24 décembre, l'armée passa la Sarre à

Mertzig, et se cantonna entre Thionville et Sarrelouis.
Le 8ᵉ de cavalerie alla à Sarralbe; son dépôt était à
Douai.

1793. — Notre armée du Rhin gardait la Nahe.
Pour l'empêcher d'être tournée sur sa gauche, le maréchal de camp Destournelles doit occuper Hombourg.
Sa division, qui devait être appuyée des 11ᵉ et 8ᵉ cavalerie, part de Sarrebrück le 9 février et vient occuper
le même jour les hauteurs de Bliescastel.

Le maréchal de camp de Landremont, qui se portait
sur Kaiserlautern, précéda la division Destournelles et
lui servit d'avant-garde. En février, un détachement de
50 hommes, en reconnaissance en avant de Deux-
Ponts, repousse un parti de hussards du régiment
de Wolfradt, le culbute et lui fait des prisonniers.
Hombourg occupé, le 8ᵉ de cavalerie fut envoyé à
Landstuhl. D'après les ordres du ministre, on devait se
tenir sur la défensive; quelques jours après, toutes ces
troupes se retirèrent sur Sarrebrück, et le 8ᵉ de cavalerie, fort de 288 chevaux, reprit ses cantonnements
de Sarralbe.

L'armée du Rhin avait évacué le Palatinat pour s'établir à Wissembourg. Custine avait été nommé général
en chef des armées réunies du Rhin et de la Moselle,
et Houchard commandant de l'armée de la Moselle.
D'après le plan adopté le 17 avril, les deux armées
devaient se tenir sur la défensive, et l'armée de la
Moselle se rapprocher des Vosges; le 8ᵉ cavalerie, sous
les ordres du général Pully, se cantonne à Walsbrun.

15 mai. — Un corps prussien de 3,000 hommes nous

déloge de Neukirchen, et force la 2ᵉ brigade de la division Lynch à se replier sur Saint-Hubert. Le même jour, Houchard fit partir du camp de Forbach la 1ʳᵉ brigade de cette division, et attaqua Neukirchen le lendemain à la pointe du jour, tandis que quatre bataillons reprenaient le camp de Lembach qu'on avait abandonné. Ces deux opérations réussirent parfaitement; pendant ces deux journées le corps de Pully se porte en avant sur Hornbach.

Houchard tenta, le 9 juin, un coup de main sur Arlon; les Autrichiens culbutés se retirèrent sur Luxembourg. La ville et ses immenses approvisionnements restèrent en notre pouvoir. Après le combat, nos troupes rentrèrent dans leurs anciennes positions.

15 juillet. — Mayence est assiégé; l'armée de la Moselle reçoit l'ordre d'aller à son secours. La 1ʳᵉ division prend la route de Saint-Hubert, Forbach et Lembach; la 2ᵉ division marche sur Dutchweiller et Saltzbach, pour passer la Bliess à Neukirchen. Le général Omersweiller faisait l'avant-garde, le général Laage appuyait la gauche, et le général Pully couvrait la droite en se portant sur Landstuhl.

Notre avant-garde passe la Bliess à Neukirchen, rencontre l'ennemi à Ober-Weilerhoss, et lui fait quelques prisonniers.

Le même jour, Pully est à Lagweiden; le 21, l'armée campe à Schönenberg; le 22, à Pétersheim; les 23 et 24, sur les hauteurs de Cösel; mais Mayence capitule le 23, et notre armée bat en retraite.

Au commencement d'août, Houchard est appelé au

commandement de l'armée du nord. L'armée de la Moselle, très-affaiblie par l'envoi de nombreux détachements, exécuta un nouveau mouvement rétrograde et alla camper sur les hauteurs de Sarrebourg. La division Pully est aux avant-postes avec le 8ᵉ de cavalerie; il reprend sa position d'Hornbach, sa droite appuyée à Hocdérich, sa gauche à Bliescastel.

Le général Laage, campé près de Sarrelouis avec ses avant-postes à Sierck, devait défendre le pays entre Sarre et Moselle.

Le 8ᵉ de cavalerie, désigné pour passer à l'armée du nord, partit du camp d'Ixheim, près de Deux-Ponts. Ce régiment, fort de 281 cavaliers montés, fut dirigé sur Péronne en passant par Sarreguemines, Saint-Avold, Courcelles et Metz. Il devait arriver à Péronne le 16 août.

IV

LE 8ᵉ RÉGIMENT DE CAVALERIE AUX ARMÉES DU NORD, DE SAMBRE-ET-MEUSE, D'ANGLETERRE, DE MAYENCE ET DU RHIN.

Quand le 8ᵉ de cavalerie arriva dans le Nord, la situation de la France était très-compromise. Après la bataille de Nerwinde, Cobourg, avec 100,000 hommes, attaque la frontière de la mer à la Meuse. Mais les places fortes de Vauban, bien armées, bien défendues, obligèrent l'envahisseur à une guerre de siéges, qui le retint entre Sambre et Meuse et lui ferma la route de Paris, par la vallée de l'Oise. Quoique vigoureusement soutenus par les 40,000 hommes de Dampierre, Condé, Valenciennes, le Quesnoy tombèrent successivement entre les mains de l'ennemi. Déjà Maubeuge était assiégé. C'était notre suprême défense; il fallait la maintenir. Au nord, les Anglais, après la prise de Valenciennes, avaient assiégé Dunkerque : Houchard est chargé d'en faire lever le siége, et Jourdan celui de Maubeuge. Nous ne suivrons pas nos généraux dans leurs manœuvres presque toujours heureuses; nous nous bornerons à mentionner les brillants faits d'armes qui illustrèrent dans ces premières années de la République le régiment, en les indiquant dans leur ordre chronologique.

Le 8 septembre 1793, Houchard débloqua Dunkerque, battit les Anglais à Hondschoote et les poursuivit. Le 8ᵉ de cavalerie entra le premier dans le camp de Walmouth en avant de Cassel, chargea l'ennemi et lui enleva 16 voitures d'équipage et quelques prisonniers.

Le lendemain, le régiment attaque encore les Anglais aux environs de Dunkerque, et leur fait abandonner un grand nombre de pièces de canon de siége en fer.

Le 11 septembre, 50 cuirassiers repoussèrent un fort parti de chevau-légers de la Tour qui étaient venus surprendre nos avant-postes et les avaient enfoncés.

L'armée de Houchard est réunie à celle de Jourdan, qui prend le commandement en chef des armées du Nord et des Ardennes; nous voyons le régiment contribuer au déblocus de Maubeuge (15 et 16 octobre 1793) et prendre à l'ennemi 4 pièces d'artillerie et leurs caissons.

Le 17 avril 1794, Cobourg s'empara de Landrecies, et le 8ᵉ soutint la retraite du corps d'armée du général Goguet.

Le 21 avril, le 1ᵉʳ escadron chargea, deux fois, 4 escadrons ennemis, enleva une position qui avait été abandonnée par nous, ainsi que 3 pièces d'artillerie et leurs attelages.

Le 3 juin 1794, l'armée de Jourdan reprit une

vigoureuse offensive et fit lever le premier siége de Charleroi. Le régiment eut une large part dans ce succès. Il chargea les chevau-légers de Krenski, les hussards de Saxe, et une troisième fois, près de Marchiennes-le-Pont, les cuirassiers autrichiens.

Jourdan tenta quatre fois le passage de la Sambre, sans succès. Le 22 juin, le régiment traverse la rivière et déloge l'ennemi de ses positions avancées. Enfin, le 29, la Sambre fut franchie une cinquième fois, et Jourdan battit complétement Cobourg à Fleurus; les cuirassiers se distinguèrent par leur bravoure.

Le 6 juillet, le régiment est en Belgique, où il a une glorieuse affaire à la Maison-du-Roi, près Nivelles.

En septembre, il entre en Hollande, où il prend part à divers combats près de Maestricht. — Passage de la Meuse à Viré. — Le 3 octobre, il passa la Roër à Juliers, et le lendemain il charge l'ennemi, dans la plaine, entre Juliers et Berghem, et le repousse vigoureusement.

Enfin, on le trouve de l'autre côté du Rhin, pour la seconde fois, à Dusseldorf.

Armée de Sambre-et-Meuse. — Pichegru et Jourdan sont, en 1795, sur la rive droite du Rhin. Pichegru, battu à Heidelberg, est obligé de repasser le fleuve, et entraîne dans son mouvement Jourdan qui est à sa gauche; le 4 octobre, le régiment livre un combat à Euch-sur-le-Mein, et, après plusieurs charges, il parvient à repousser l'ennemi; le 3 décembre, beau succès à Kreusnach.

En 1796, Carnot décide une marche sur Vienne,

avec trois armées : l'une attaquant par l'Italie (Bonaparte), la deuxième suivant la vallée du Danube ; la
troisième, dans la vallée du Mein, devait se joindre à
la deuxième, en se jetant dans la vallée de la Naab.
Le 8ᵉ cuirassiers fait partie de cette dernière armée,
toujours commandée par Jourdan. Il a perdu le colonel
Després-Marlière, qui a été remplacé par le chef de
brigade Doré.

Jourdan accomplit son mouvement avec succès ; mais,
au débouché dans la vallée de la Naab, il est vigoureusement attaqué par l'armée de l'archiduc Charles,
très-supérieure en nombre aux troupes dont il disposait.

Obligé de battre en retraite devant l'armée de l'archiduc, qui le presse avec toutes ses forces, il se rejette
dans le bassin du Mein et se retire à marches forcées
sur le Rhin en livrant journellement des combats d'arrière-garde.

26 juin. — Occupation après plusieurs combats de
Bamberg, Salzbach et Wolfering.

Le 28 juillet 1796, le 8ᵉ, dans un combat près de
Schweinfurth, dégage le général en chef Jourdan, le
général de division Lefèvre et leurs états-majors
entourés par l'ennemi.

Pierre-Louis d'Hubert, maréchal des logis au 8ᵉ cuirassiers, reçut un sabre d'honneur, le 18 fructidor
an X, pour avoir contribué à « dégager le général en
chef Jourdan et son chef d'état-major qui allaient
tomber au pouvoir de l'ennemi ».

Le 6 août, combat près de Bamberg. Le régiment

protége le passage de la Rednitz. Le colonel Doré est tué. Il est remplacé par le colonel Espagne, un des plus remarquables officiers de cavalerie de ce temps.

2 septembre, bataille de Würtzbourg. — En septembre, l'armée de Sambre-et-Meuse passe dans le bassin de la Lahn ; le 16, nos avant-postes sont repoussés au pont de Giesen ; l'infanterie elle-même est obligée d'abandonner son camp à des forces supérieures. Le 3ᵉ escadron chargea si vigoureusement l'infanterie autrichienne, qu'il la mit en déroute et lui fit une centaine de prisonniers.

Hoche prend, au commencement de 1797, le commandement de l'armée de Sambre-et-Meuse, gagne la bataille de Neuwied, le 18 avril, où le régiment est cité ; mais les préliminaires de Léoben arrêtent notre armée victorieuse.

Armée d'Angleterre. — L'Angleterre veut seule continuer la lutte contre la France ; on forme sur nos côtes une armée de débarquement dont les cuirassiers font partie ; la seconde coalition arrête ces préparatifs, et ces corps seront portés contre l'Allemagne sur le Rhin. Cette armée d'Allemagne se divise elle-même en armée du Rhin et en armée de Mayence : le régiment fera partie successivement de chacune d'elles.

Armée du Rhin. — Le 8ᵉ opère à Kehl son cinquième passage du Rhin, qu'il est obligé de repasser bientôt après, en septembre 1798. En août 1799, il franchit le Rhin pour la sixième fois à Mayence et battit en retraite sur Manheim. En septembre, septième passage du Rhin près Mayence ; on traverse le Mein à Lauder-

berg. Le régiment a de brillants succès à Philipsbourg
et à Forcht. Il contribue à la prise de 700 hommes, de
6 canons et de leurs caissons. Malgré ces avantages,
l'armée se met en retraite sur le Rhin et commence,
l'année suivante, cette série de campagnes victorieuses
qui ont porté si haut, au commencement du siècle, le
nom français.

Cette même année, le colonel Espagne est nommé
général; ses grandes qualités d'homme de guerre se
développeront avec l'importance de son commandement,
et il deviendra l'un des premiers généraux de cavalerie
de l'Empire.

Il est remplacé au régiment par le colonel Merlin.

V

CONSULAT. — CAMPAGNE DE 1800 ET 1801 SUR LE DANUBE.
— ORGANISATION DE LA CAVALERIE. — CRÉATION DES
RÉGIMENTS DE CUIRASSIERS.

Le consulat donna à la France l'ordre à l'intérieur,
la gloire à l'extérieur, et, dès son début (1800), répara
nos insuccès de 1798 et de 1799. L'Italie était perdue
pour nous ; Masséna, dans Gênes assiégée par Mélas,
tenait seul encore haut et ferme notre drapeau ; Kray
essayait de forcer notre frontière de l'Est ; il fallait
secourir Masséna, tâche que Bonaparte remplit avec
beaucoup d'éclat à Marengo, et repousser Kray. Ce fut
Moreau qui prit contre lui le commandement de l'armée
du Rhin. On ne pouvait faire un meilleur choix : cette
campagne si bien conduite mérite par les difficultés
qu'elle présenta quelques développements.

Le 8ᵉ régiment de cavalerie prit part à la campagne
de 1800 en Allemagne, dans la division de cavalerie
de réserve, où il avait trois escadrons, comptant 310
officiers et cavaliers. Elle était commandée par le
général d'Hautpoul. M. le marquis de Caulaincourt,
qui fut depuis duc de Vicence, grand écuyer, etc., etc.,

fit cette guerre comme chef d'escadron au 8ᵉ de cavalerie et aide de camp du général d'Harville, son oncle ;
il s'y distingua, et, après la bataille de Stockah, il fut
nommé colonel du 2ᵉ carabiniers. Les opérations com-
mencèrent le 25 avril par des manœuvres en avant du
Rhin et en arrière des défilés de la forêt Noire, pour
réunir l'armée vers la droite. Le 27 avril, le régiment
franchit le Rhin pour la huitième fois à Brisach. Le 29,
le général en chef porta la division de réserve sur la
Wutach, qui est passée le 1ᵉʳ mai. Elle prit position,
sa gauche à Neukirch, sa droite à la Wutach.

Ce même jour, les autres corps achevaient le mouvement qui leur était ordonné. L'aile gauche, avec
Sainte-Suzanne, avait dû marcher sur Neustadt et
Leffingen ; le centre, conduit par Gouvion Saint-Cyr,
s'établissait à Hudlingen, et l'aile droite, ayant à sa
tête Lecourbe, traversait le Rhin entre Schaffhouse et
Stein. L'ennemi, en retraite sur tous les points, paraissait prendre la direction de la ligne de Stockah. L'armée concentrée, à l'exception de l'aile gauche, se
porta en avant et prit position à Hohenweil, sa gauche
à Blümenfeld.

Bataille d'Engen. — Nos manœuvres exécutées en
arrière des défilés de la forêt Noire avaient trompé
l'ennemi. Le général Kray nous attendait aux débouchés de la Kinzig et du Val-d'Enfer, tandis que nous
étions en bataille, la droite au lac de Constance. Kray,
s'apercevant de son erreur, marcha sur Stockah pour
nous y devancer. Moreau, instruit de ses projets,
résolut de l'attaquer dans sa marche de flanc. Il fit

occuper Stockah par Lecourbe; le corps de réserve et la division d'Hautpoul devaient aussi se porter sur ce point par les routes de Schaffhouse et de Blümenfeld. Ces mouvements combinés furent exécutés avec beaucoup de précision : les troupes marchaient avec un entrain qui présageait la victoire. Lecourbe repoussa l'ennemi sur Stockah, le défit complétement, lui enleva 4,000 prisonniers, 7 à 8 pièces de canon, 500 chevaux et des magasins immenses.

Saint-Cyr combattit sur le plateau qui domine Engen au nord. Moreau aborda le gros des forces autrichiennes en avant d'Engen, fit attaquer le bois qui touche au village de Weilschingen, enlever les hauteurs de Mülhausen et refouler les Autrichiens dans la vaste plaine d'Engen, où ils déployèrent 15,000 à 16,000 cavaliers. Le village d'Engen fut pris et repris et resta enfin en nos mains.

Richepanse, vigoureusement attaqué à Hohenhewen, tint bon. Les positions si longtemps et si opiniâtrément défendues par les Autrichiens restèrent aux corps français. L'ennemi laissa environ 3,000 ou 4,000 morts sur le champ de bataille; plus de 7,000 prisonniers, 3 drapeaux, 9 pièces de canon tombèrent au pouvoir du centre et de la réserve.

Toutes les troupes rivalisèrent de valeur, tous les officiers méritèrent des éloges. Le général Moreau nomma, le 12 août 1800, le maréchal des logis Béréchy au grade de sous-lieutenant et aide de camp du général d'Hautpoul, pour ses *connaissances militaires,* sa bravoure et sa conduite distinguée dans les journées

des 3 et 5 mai, où le régiment se conduisit avec beaucoup de courage.

Bataille de Möskirch. — Le lendemain de la victoire
d'Engen, la réserve de cavalerie d'Hautpoul, dont
faisait toujours partie le 8ᵉ de cavalerie, fut envoyée
à Stockah pour y être mise à la disposition du général
Lecourbe, commandant l'aile droite de l'armée.

Dans la soirée du même jour (4 mai), le général en
chef, ayant appris par ses reconnaissances que l'ennemi
occupait fortement Krumbach, jugea que Möskirch
devait être faiblement occupé : il résolut de l'enlever.

Lecourbe eut, en conséquence, l'ordre de partir le
lendemain matin à 4 heures et de diriger son corps
d'armée sur Möskirch. D'Hautpoul et sa cavalerie
durent suivre le mouvement de la division Montrichard,
qui marchait sur Möskirch, par la route de Stockah.
Moreau, avec la réserve, suivait l'aile droite de l'armée, comme deuxième ligne.

Le plateau en avant de Möskirch était occupé par
les Autrichiens en forces considérables ; 25 pièces de
canon en batterie sur la hauteur enfilaient au loin la
chaussée resserrée entre des bois très-épais.

Montrichard, l'artillerie et la cavalerie d'Hautpoul
défilèrent rapidement ; mais la position avantageuse de
l'ennemi et sa supériorité écrasèrent les assaillants ;
plusieurs de leurs bouches à feu furent démontées.
Néanmoins, l'énergie des chefs et le dévouement des
troupes triomphèrent de tous les obstacles ; la forte
position de l'ennemi fut enlevée et le combat y fut
maintenu.

Sur d'autres points du champ de bataille, les divisions Delmas, Fauvart-Bastoul, Lorges, Richepanse, Vandame se couvrirent de gloire, et l'armée française remporta une de ses grandes victoires. La bataille dura de 8 heures du matin à la chute du jour : en ce moment l'ennemi cédait de toutes parts et battait en retraite sur le Danube, abandonnant le champ de bataille, couvert de morts et de blessés, avec 5 pièces de canon. Les Autrichiens eurent 8,000 hommes hors de combat ou prisonniers; les pertes de l'armée française furent de 1,500 hommes tués ou blessés.

Deux lignes du rapport du général Dessolles, chef d'état-major général, montrent combien la valeur des troupes fut grande :

« Si je voulais », dit-il au ministre de la guerre, « vous citer tous ceux qui ont montré du courage et « du dévouement dans cette journée, je devrais vous « nommer tous les soldats. »

Bataille de Biberach (9 mai). — La division de cavalerie d'Hautpoul n'eut pas occasion de prendre part à cette bataille, qui fut gagnée par les divisions Baraguay-d'Hilliers et Tharreau du centre, et par la division Richepanse de la réserve.

Kray subit un nouvel échec à Hochstedt. Le régiment avait franchi le Danube à Bleuthcim. « Il se « distingua dans cette bataille plus que dans toute « autre par des charges brillantes, qui contribuèrent « beaucoup au succès de la journée. » Il reçut ce témoignage flatteur du général Lecourbe.

Le 8ᵉ de cavalerie est encore cité dans le rapport de

l'affaire de Nordlingen (23 juin), *pour son zèle et son intrépidité*.

Kray, rejeté derrière l'Inn, est remplacé par l'archiduc Jean, qui se fait battre par Moreau à Hohenlinden, où les cuirassiers se distinguèrent encore (2 décembre 1801). Levasseur (Louis), trompette au 8ᵉ, reçut le brevet d'une trompette d'honneur, le 28 fructidor an X, pour avoir fait 3 prisonniers, dont 1 officier, à la bataille de Hohenlinden.

Moreau marchait sur Vienne, quand il conclut l'armistice de Steyer (21 décembre).

Le régiment quitte alors son armée et va à Coire se mettre sous les ordres de Macdonald, qui doit traverser le Splugen, et de Trente se porter à Bassano, sur les derrières de l'armée commandée par Bellegarde, que Brune attaque en face.

Le 7 janvier 1801, Macdonald arrive devant Trente, malgré des fatigues inouïes subies dans les défilés des Alpes. Davidowich occupe la ville, et, après avoir fait sauter les ponts du haut Adige, tient tête, pour donner à ses bagages et à ses canons le temps de prendre leur ligne de retraite. La division d'infanterie Lecchi et la cavalerie Pully, dont faisait partie le régiment, établissent des ponts sous le feu, traversent la rivière, culbutent les Autrichiens et s'emparent de la ville.

Bellegarde, battu par Brune et menacé par Macdonald, signe l'armistice de Trévise (16 janvier 1801).

Le lieutenant Lafaille se distingua dans ces campagnes, et, par arrêté du premier consul, daté du

5 septembre 1802, il reçut un sabre d'honneur à titre de récompense nationale.

Le régiment, après tant de guerres, allait avoir quelque repos, que l'on devait mettre à profit pour reconstituer la cavalerie.

Dans le courant d'octobre 1801, on verse au 8ᵉ une partie du 24ᵉ supprimé.

Un arrêté du 23 décembre 1802 donnait la cuirasse aux 5ᵉ, 6ᵉ et 7ᵉ régiments de cavalerie, mais sans changer leur dénomination. Le 8ᵉ porta à 4 le nombre des régiments ainsi armés. C'est à cette époque seulement que les cuirassiers ont le casque à crinière et à houpette et sont cuirassés par derrière.

Le 24 décembre 1803, la cavalerie est remaniée; elle comprend :

2 régiments de carabiniers;
12   —   cuirassiers;
30   —   dragons;
26   —   chasseurs;
10   —   hussards.

Le 8ᵉ de cavalerie devient le 8ᵉ régiment de cuirassiers.

De 1803 à 1814, diverses formations portèrent le nombre de régiments à 100, dont 14 de cuirassiers, sans y comprendre la cavalerie de la garde et les régiments de gardes d'honneur.

En 1803, le régiment est à Toul, dans la 4ᵉ division militaire, commandée par le général Gilot.

VI

EMPIRE. — CAMPAGNES D'ITALIE (1805); — DE POLOGNE (1807); — D'AUTRICHE (1809); — DE RUSSIE (1812); DE SAXE (1813). — LES CENT-JOURS. — WATERLOO.

La France venait de se donner un souverain, qui en quelques années devait promener ses couleurs victorieuses dans toutes les capitales de l'Europe, la rendre plus grande même que Rome et disparaître en la laissant foulée par l'étranger. Dans cette splendide époque, le 8e cuirassiers se produira avec ses nobles traditions de bravoure, de sacrifice, de dignité militaire, et tiendra à honneur d'être le premier de son arme, sinon par le numéro, du moins par les qualités, comme il l'était par sa date de formation.

A la fin de 1805, l'Angleterre, pour détourner un débarquement qui se préparait contre elle au camp de Boulogne, forme la troisième coalition. Laissons l'empereur marcher sur Ulm, s'emparer de Vienne, remporter la victoire d'Austerlitz, et transportons-nous en Italie.

Le 8e fait partie de la division de cavalerie Pully, qui, avec les divisions Espagne et Mermet, composait la cavalerie du 8ᵉ corps d'armée, commandé par Masséna, sous la direction supérieure du prince Eugène.

Devant Masséna, se trouvait l'archiduc Charles.

Le 30 octobre 1805, la cavalerie de Pully, campée à Roverbella, se réunit à la division Mermet, à quelques troupes d'infanterie, à de l'artillerie, et vint attaquer la division autrichienne Frimont, la débusqua de l'Adige et du village de Saint-Michel, où elle s'appuyait. Cette division se mit en retraite, sans pouvoir se reformer, à Mezzo-Campagna et à San-Martino.

Le lendemain, Masséna fait attaquer Caldiéro ; la gauche est confiée à la division Verdier et aux cuirassiers de Pully, qui s'établissent en avant d'Oppéano. Verdier passa sur la rive gauche, Pully resta sur la rive droite.

L'attaque fut vive et renouvelée plusieurs jours de suite. L'archiduc se mit enfin en retraite, et le 6 novembre les cuirassiers de Pully se dirigeaient sur Padoue, à la poursuite de la division Frimont.

Masséna continua à marcher en avant, et se prépara à franchir le Tagliamento, devant l'ennemi. Les divisions de cavalerie Espagne, Mermet, Pully, passèrent, vis-à-vis Valvasone, sous le feu de 30 pièces autrichiennes, auxquelles répondit bientôt une batterie de 18 pièces que vint établir le général Lacombe-Saint-Michel ; notre feu domina celui de l'ennemi (12 novembre).

Dans la nuit, Masséna fit cependant repasser la cavalerie sur la rive droite, et la dirigea sur Cadrolpo et

San-Martino. Quelques jours après, l'armée se porta sur la rive gauche sans obstacle, et poursuivit l'ennemi sur la route de Palma-Nova. La cavalerie franchit l'Isonzo, et vint prendre ses cantonnements entre Udine et Gorrizia (20 novembre).

1806. — Le régiment laissa son dépôt en Italie à Lodi, et vint tenir garnison dans la Bavière, à Augsbourg. L'empereur fit la campagne de Prusse et se porta sur la Vistule pour commencer la guerre de Pologne contre la Russie. Le 14 novembre, on envoie aux 4ᵉ, 6ᵉ, 8ᵉ et 9ᵉ cuirassiers l'ordre de quitter Augsbourg les 21, 22 et 23 novembre, pour arriver à Berlin les 13, 14 et 15 décembre (correspondance de Napoléon Iᵉʳ). Que la puissance du nom français était grande ! elle permettait de faire traverser l'Europe frémissante, du sud au nord, par quelques régiments, en leur indiquant, comme sur le territoire de la patrie, leurs gîtes d'étape, leurs dates d'arrivée et de départ !

1807. — Le régiment était en présence des Russes, pour la première fois, au combat d'Hoff ; il se retrouvait sous les ordres du général d'Hautpoul ; il y soutint sa vieille réputation de bravoure et de mépris de la mort.

Le 14 février, à la bataille d'Eylau, le régiment exécuta plusieurs charges vigoureuses. Le maréchal des logis Boulingrin donna les plus grandes preuves de valeur, et enleva deux étendards aux ennemis. Le général d'Hautpoul, blessé d'un biscaïen, mourut des suites de ses blessures. L'empereur fit porter son corps à Paris, et annonça à la France que « les cuirassiers « s'étaient couverts de gloire à cette affaire » (14 fé-

vrier 1807, le soir de la bataille de Preussich-Eylau.
21° bulletin).

Pour réparer les pertes en hommes et en chevaux
qu'avait éprouvées la division d'Hautpoul, Napoléon
écrit d'Osterode le 30 mars au prince Eugène et lui
ordonne de faire partir armés et équipés les hommes
disponibles des 4°, 6°, 8° et 9° cuirassiers, dont les
dépôts étaient en Italie.

Ces régiments formaient dans la réserve de cavalerie
la 3° division de grosse cavalerie. Le général Espagne,
ancien colonel du 8°, remplaçait le général d'Hautpoul; la brigade était commandée par le général
Fouler.

Le 8° prend part au combat de Pultusk (16 mai) et
aux batailles d'Heilsberg et de Friedland (10 et 14 juin).
A la bataille d'Heilsberg, la division Espagne chargea
plusieurs fois; son chef fut blessé, et le grand-duc de
Berg, commandant en chef la cavalerie, eut deux chevaux tués sous lui. Après la bataille, il passa devant
la ligne de cuirassiers et les félicita (général Mathieu
Dumas).

Le traité de Tilsitt vint mettre fin à cette glorieuse
campagne.

1808. — L'empereur porta une partie de la grande
armée en Espagne dont il rendit de faire roi son frère
Joseph; Murat, son beau-frère, grand-duc de Berg, eut
le royaume de Naples. Une armée fut laissée aux
sources du Mein, à Bamberg, Cobourg et Bayreuth,
prête à se porter sur l'Elbe ou sur le Danube, au premier mouvement de la Prusse ou de l'Autriche. La di-

vision Espagne, constituée comme dans la guerre de Pologne, se trouvait à Bayreuth.

1809. — La cinquième coalition est organisée par l'Angleterre, qui croit le moment propice pour venger ses défaites sur le continent. Elle pense que l'empereur, trop occupé en Espagne, ne pourra faire face à l'Autriche. L'archiduc Charles est à la tête des armées autrichiennes; Bellegarde commande sa droite, lui a le centre, et Hiller sa gauche; il s'avance vers la Bavière. L'armée française est dans une position dangereuse, mais l'empereur arrive de la Péninsule, et, par d'admirables manœuvres exécutées devant l'ennemi, concentre ses forces sur le plateau d'Abensberg.

La division Espagne fait partie du corps de réserve de l'armée.

Le 20 avril, Hiller est battu et séparé de l'archiduc; le 22, à la bataille d'Eckmülh, le prince Charles, écrasé, se retire sur Ratisbonne. Le 23, nouveau combat à Ratisbonne, qui tombe entre les mains de l'ennemi. L'archiduc traverse le Danube et se rallie à Bellegarde, à Cham. Cette courte campagne coûtait à l'Autriche 60,000 tués, blessés ou prisonniers, et 100 pièces de canon.

A la bataille d'Eckmülh la division Espagne chargea avec un tel entrain, qu'elle excita l'admiration de l'infanterie qui s'arrêta, battit des mains et cria : *Vivent les cuirassiers!*

Le 23 avril, ces mêmes cuirassiers mettent en fuite, dans leur marche sur Ratisbonne, 8,000 cavaliers autrichiens.

Dans son premier bulletin de la campagne, du 23 avril 1809, l'empereur dit :

« Les cuirassiers se sont, comme d'habitude, couverts de « gloire ; la cavalerie autrichienne a été sabrée ; plus de « 300 cuirassiers autrichiens sont prisonniers. Une division de « cuirassiers a fait prisonniers trois bataillons hongrois. »

L'armée marcha sur Vienne, dont elle s'empara après un semblant de résistance. On jeta des ponts sur le Danube, et les corps de Lannes, de Masséna, avec la réserve de cavalerie, passèrent sur la rive gauche du fleuve. L'archiduc Charles s'était concentré dans le Marchfeld. Une violente bataille s'engagea entre cette fraction de l'armée française et la totalité des forces autrichiennes, près des villages d'Essling et d'Aspern (21 et 22 mai). La division Espagne fit plusieurs belles charges, enfonça deux carrés et s'empara de 14 pièces de canon. Un boulet tua le général qui combattait bravement à la tête de ses régiments. « C'était un officier « brave, distingué et recommandable sous tous les rap- « ports », dit Napoléon dans son bulletin du 23 mai, daté d'Ebersdorf. Le général Fouler, commandant la brigade, dont faisait partie le 8e, fut tué également dans une charge.

Les ponts du Danube avaient été rompus par une crue des eaux : Masséna et ses troupes durent concentrer dans l'île de Lobau. Le général Espagne avait été remplacé à la tête de la division par le duc de Padoue, et le général Fouler par le général Lhéritier. Cette division, qui portait toujours le nom de 3e division de grosse cavalerie, de la réserve de cavalerie, fut attachée au 11ᵉ corps de l'armée d'Allemagne, commandé par Marmont.

Le 6 juillet, au matin, de nouveaux ponts étaient jetés sur le Danube et la bataille de Wagram commençait. Le régiment se trouvait en ligne aux premiers coups de canon. Laissons l'empereur, dans son 25ᵉ bulletin daté de Vorkelsdorf, 8 juillet 1809, nous exposer le commencement de ce mémorable combat :

« Le corps Rosemberg et celui du duc d'Auerstädt se rencontrèrent en faisant un mouvement inverse, aux premiers rayons du soleil, et donnèrent le signal de la bataille. L'empereur se porta aussitôt sur ce point, fit renforcer le corps du duc d'Auerstädt par la division de cuirassiers du duc de Padoue, et fit prendre le corps Rosemberg en flanc par une batterie de 12 pièces de la division Nansouty. En moins de trois quarts d'heure le beau corps du duc d'Auerstädt eut fait raison du corps de Rosemberg, le culbuta et le rejeta au-delà de Neusidel, après lui avoir fait beaucoup de mal. »

Dans le courant de la journée, les cuirassiers chargèrent encore plusieurs fois, et se retrouvaient en ligne le 11 juillet au combat de Znaïm.

Le traité de Vienne (14 octobre) met fin à la guerre.

1810-1811. — Pendant ces deux années de paix, le régiment rentra en France et fut envoyé à Evreux. A la fin de 1809, le colonel Merlin avait été remplacé par le colonel Grandjean, qui devait être remplacé lui-même, en 1812, par le colonel Lefaivre. Le 10 août 1810, le régiment quitte Evreux, pour aller dans la 1ʳᵉ division militaire, à Beauvais.

1812. — Le régiment passa sur la rive droite du Rhin pour la dernière fois, fit d'abord partie du corps d'observation de l'Elbe et ensuite de la cavalerie de la grande armée commandée par le roi de Naples. Cette cavalerie se composait de quatre corps ; le 8⁰ faisait partie du 2⁰ corps qui avait à sa tête le général Montbrun et de la 2⁰ division (général Wathier). Cette division se composait des :

5⁰, 8⁰ et 10⁰ cuirassiers ;

2⁰ chevau-légers.

Son effectif était de 3,700 hommes et de 2,800 chevaux.

Au milieu de ces grands mouvements d'armées et de peuples, il est difficile de suivre une division de l'Elbe à Moscou. Cependant nous trouvons dans un rapport du temps cette phrase, qui est un bien éloquent témoignage : « Le 8⁰ cuirassiers, qui s'était signalé dès son « entrée sur le territoire russe, se fit de nouveau remar- « quer pendant toute la retraite sur la Pologne. »

Le corps Montbrun et la division Wathier étaient à Dorogobouge, quand, le 23 août, Murat fait enlever un bois et voit au delà toute l'armée russe de Barclay de Tolly et de Bagration rangée en bataille. L'étroit ravin de la Luga l'en séparait ; il croit à une bataille. Il fait prévenir l'empereur et ordonne à Montbrun de passer le ravin sur sa droite avec sa cavalerie pour reconnaître et déborder la gauche de l'ennemi. Davoust devait soutenir le mouvement par quelques démonstrations. Mais l'armée russe n'attendit point l'attaque et se mit en retraite.

A Borodino (7 septembre), le corps Montbrun se couvrit de gloire. Voici comment le général comte de

Ségur nous raconte ce brillant épisode dans son *Histoire de Napoléon et de la grande armée*, en 1812 :

« Ainsi les Russes s'étaient, pour la troisième fois, reformé un flanc gauche devant Ney et Murat ; mais celui-ci appelle la cavalerie de Montbrun ; ce général était tué. Caulaincourt le remplace ; il trouve les aides de camp du malheureux Montbrun pleurant leur général : « Suivez-moi, leur crie-t-il ; ne le « pleurez plus et venez le venger. »

« Le roi lui montre le nouveau flanc de l'ennemi : il faut l'enfoncer jusqu'à hauteur de la gorge de leur grande batterie ; là, pendant que la cavalerie légère poussera son avantage, lui, Caulaincourt, tournera subitement à gauche avec ses cuirassiers pour prendre à dos cette terrible redoute dont le front écrase encore le vice-roi. Caulaincourt répondit : Vous m'y verrez tout à l'heure mort ou vif. Il part aussitôt et culbute tout ce qui lui résiste ; puis, tournant subitement à gauche avec ses cuirassiers, il pénètre le premier dans la redoute sanglante où une balle le frappe et l'abat. Sa conquête fut son tombeau..... Pendant que cette charge décisive de cavalerie s'exécutait, le vice-roi était près d'atteindre avec son infanterie la bouche de ce volcan ; tout à coup il voit son feu s'éteindre, sa fumée se dissiper et sa crête briller de l'airain mobile et resplendissant dont nos cuirassiers sont couverts. Enfin, ces hauteurs, jusque là russes, étaient devenues françaises ; il accourt partager la victoire, l'achever et s'affermir dans cette position. »

Ce sont de ces faits d'armes qui honorent à jamais les corps qui les ont accomplis.

Malgré les fatigues de marches aussi prolongées et les nombreux blessés de la Moskowa, le moral de tous, *ce grand médecin*, était si excellent, et le désir de se retrouver devant l'ennemi si vif, que le 12 octobre 1812 le 8ᵉ cuirassiers n'avait pas de malades et ne comptait qu'un blessé aux hôpitaux de Moscou. La retraite de

Russie fut désastreuse pour la cavalerie; elle y perdit presque tous ses chevaux. On réunit tout ce qui restait de cavaliers armés et équipés, et l'on en trouva 1,800, dont une soixantaine du 8ᵉ cuirassiers; on en donna le commandement au général de Latour-Maubourg. Des officiers faisaient le service de cavalier, des colonels celui de lieutenant, des généraux celui de capitaine, tant chez tous l'esprit de sacrifice était absolu et le dévouement à hauteur des situations les plus extrêmes. Cette cavalerie soutint la retraite à peu près tous les jours et sauva les débris de l'armée dans la haute plaine de Studzianka, en conservant les ponts de la Bérésina. Laissons parler encore le général de Ségur :

« Enfin, vers le milieu du jour, le Russe s'aperçut de sa supériorité; il déborda l'aile gauche française. Tout alors eût été perdu sans un effort mémorable de Fournier et le dévouement de Latour-Maubourg. Ce général passait les ponts avec sa cavalerie; il aperçut le danger et revint aussitôt sur ses pas. De son côté, Fournier s'élança avec deux régiments hessois et badois. L'aile droite des Russes, déjà victorieuse, s'arrête; elle attaquait, il la force à se défendre, et trois fois les rangs ennemis sont enfoncés par des charges sanglantes. »

1813. — Le 8ᵉ cuirassiers fait partie du 2ᵉ corps sous les ordres du duc de Padoue. Il est adjoint à Marmont, qui est vigoureusement attaqué le 16 octobre, vers midi, à Wachau. Marmont est seul avec son corps d'armée et cette cavalerie : il tint tête toute la journée à l'armée de Blücher. Vers le soir, cependant, Ney fit replier ses troupes jusque sous les murs de Leipsick et se borna à la défense du faubourg de Halle. 18 octobre, brillante conduite à Leipsick.

Cette campagne de Saxe entreprise avec de très-jeunes troupes et presque sans cavalerie nous était funeste ; après les victoires de Lützen, Bautzen, Dresde, l'Europe coalisée nous faisait perdre la ligne de l'Elbe, celle de la Saale, et par la vallée du Mein nous rentrions en France. Les armées alliées nous suivaient sans nous poursuivre. Le général de Wrède, qui, avec ses Bavarois, avait si longtemps combattu dans nos rangs comme allié, se porte à Hanau (3 octobre) pour couper nos lignes de retraite. On lui infligea une sanglante retraite. La division de cuirassiers Saint-Germain, dont faisait partie le régiment, et successivement la cavalerie Nansouty, culbutèrent la cavalerie ennemie, enfoncèrent plusieurs carrés et détruisirent presque entièrement le régiment Jordis et les uhlans du prince de Schwartzemberg.

Le 8ᵉ ne rentra pas en France avec l'armée ; il fut envoyé à Hambourg.

1814. — Sous les ordres de Davoust, un corps de notre armée tenait encore les bouches de l'Elbe et Hambourg. Le 8ᵉ en fait toujours partie ; toutes les places fortes de l'Elbe sont, du reste, entre nos mains et vigoureusement défendues. Hambourg surtout fut remarquable par sa vive résistance ; elle ne fut pas prise. Le duc d'Auerstädt ne la rendit que sur l'ordre de Louis XVIII, après le traité de Paris, et la garnison rentra alors en France avec les honneurs de la guerre.

1815. — Le nouveau gouvernement licencia, par ordonnance du 23 mars, le 8ᵉ cuirassiers, mais cette mesure n'eut pas de suite. Le retour de l'île d'Elbe amena au contraire de nouvelles formations ; l'armée se réorganisa sous l'impulsion énergique de l'empereur, qui inquiète encore l'Europe en armes, et se porta à la frontière. Le régiment avec le 11ᵉ cuirassiers forme la brigade du comte de Valmy. Cette campagne s'ouvre sous d'heureux auspices ; la Sambre est franchie sans résistance, l'armée prussienne est battue à Ligny et en pleine retraite ; mais les Quatre bras et Waterloo devaient à tout jamais frapper l'empereur et réduire la France à la paix.

Aux Quatre bras, Ney ordonne une charge désespérée de cavalerie pour enfoncer le centre de l'infanterie anglaise ; la brigade Valmy charge l'infanterie du général Halkett. Le 8ᵉ fond sur le 69ᵉ régiment anglais, le sabre, l'enfonce et tue son colonel. Le cuirassier Lamy pénètre jusqu'au centre du carré, et, après des prodiges de valeur, enlève le drapeau du 69ᵉ. Lamy fut nommé chevalier de la Légion d'honneur, mais la Restauration ne confirma pas cette nomination.

A Waterloo, le régiment charge encore avec les 10,000 cavaliers que Ney lance sur l'armée anglaise, et se distingue par son éclatante bravoure.

Il était commandé pendant les Cent-jours par le colonel Garavacque.

Au retour des Bourbons, la suppression du 23 mars est confirmée par ordonnance du 16 juillet suivant. Licencié en août 1815, le régiment fournit dans le mois de novembre des hommes au 1ᵉʳ régiment de cuirassiers de la garde royale. Le reste du régiment passe dans le nouveau 3ᵉ cuirassiers (d'Angoulême), devenu le 3ᵉ cuirassiers (de Bordeaux) en septembre 1824.

Depuis 1815 jusqu'au 1ᵉʳ janvier 1826, la cavalerie fut constituée ainsi qu'il suit :

1 régiment de carabiniers.

6 de cuirassiers.

10 de dragons.

24 de chasseurs.

6 de hussards.

La cavalerie de la garde comptait 8 régiments à 6 escadrons; les régiments de la ligne étaient à 4 escadrons, à l'exception des dragons formés à 6 escadrons.

VII

LE 8ᵉ CUIRASSIERS EST RÉFORMÉ. — CAMPAGNE DE BELGIQUE. — LICENCIEMENT DU 6ᵉ ESCADRON. — MOUVEMENTS DU RÉGIMENT JUSQU'EN 1848.

Après le licenciement de l'armée de la Loire, la Restauration organisa sa nouvelle armée avec le plus grand soin, mais lentement. Ses régiments de cavalerie, en 1816, n'avaient pas 100 chevaux, et encore étaient-ils de qualité inférieure; les cadres ne furent complétés qu'en 1817, et même en 1818. Ils étaient recrutés parmi les officiers qui avaient fait les campagnes de l'Empire, d'anciens officiers de l'armée de Condé; on replaça même avec leurs grades des émigrés qui avaient servi dans les armées alliées. La troupe était formée de jeunes soldats et de débris de nos vieux régiments. Fondre des éléments si hétérogènes, constituer l'esprit de corps, donner satisfaction à des droits si divers, et avant tout former des troupes solides, après tant de désastres, était une tâche difficile. Le gouvernement s'y appliqua avec mesure et beaucoup de fermeté; les chefs de corps furent judicieusement choisis, les inspections générales instituées à deux degrés et passées par des maréchaux de camp que suivaient à quelques semaines des lieutenants généraux ; de fréquents rapports avec le commandement territorial donnèrent de la cohésion à ces nouveaux régiments. L'esprit militaire qui animait le pays y contribua pour une large part. La discipline était parfaite, les hommes bien tenus, les officiers, quelle que fût leur origine, avaient tous fait la guerre et la connaissaient ; mais les effectifs étaient peu élevés : pour la campagne d'Espagne, en 1823, les escadrons ne dépassaient pas 70 chevaux, nombre beaucoup trop faible, surtout si on le compare aux escadrons de 150 chevaux de l'Empire qui, d'après les généraux de cavalerie à la tête de l'arme, n'étaient que suffisants à la guerre. Les pays de production avaient été épuisés ; jusqu'en 1818 les alliés surveillaient d'un œil soupçonneux notre état militaire, les finances avaient été très-éprouvées, l'organisation de l'armée avait été remaniée en 1818, et il n'avait pas été possible de faire plus, malgré les réclamations incessantes des inspecteurs généraux.

En 1825, cette pénible situation s'était améliorée ; aussi l'on se hâta d'apporter des changements à la cavalerie.

L'ordonnance du 27 février la composait de :

2 régiments de carabiniers à 6 escadrons.

10   —   cuirassiers, les 6 premiers à 4 escadrons, les 4 derniers à 6.

12 régiments de dragons à 6 escadrons.

18   —   chasseurs à 6 escadrons.

6   —   hussards à 4 escadrons.

La garde royale ne subissait pas de modifications. Les régiments de cuirassiers des n°s 6 à 10 étaient à 6 escadrons, parce qu'ils étaient formés de régiments de dragons qui comportaient ce nombre, et que, loin de réduire la cavalerie, on ne songeait qu'à l'augmenter. Les six premiers régiments de cuirassiers continuaient à porter les noms des princes de la famille royale. On maintenait la charge de colonel général dont le dauphin était titulaire pour les cuirassiers et les dragons.

Le 1er janvier 1826, en vertu de cette ordonnance, les dragons du Rhône, portant le n° 8, en garnison à Nevers, furent licenciés et réorganisés sur-le-champ en 8e régiment de cuirassiers. Les 20e, 21e, 23e et 24e chasseurs, qui devaient être transformés en nouveaux régiments de dragons, avaient reçu au mois de décembre précédent 168 hommes et 229 chevaux impropres à l'arme des cuirassiers.

M. de Saint-Geniès, colonel des dragons du Rhône, reçut le commandement du 8e cuirassiers. Il avait servi sous l'Empire, de 1805 à 1814. Lieutenant aux mousquetaires noirs de la maison du roi en 1814, il avait formé en 1815 le 8e dragons qu'il avait conduit en Espagne, où il s'était fait remarquer par son entente du commandement et sa science de la guerre. Aussi, dès que son nouveau régiment fut organisé, on le mit à la tête du 2e régiment de cuirassiers de la garde royale, et on le remplaça, le 19 avril 1826, par M. le comte de Montaigu-Lomagne.

A la fin de 1826, le régiment quitte Nevers pour se

rendre à Vesoul; il y demeure jusqu'au 1ᵉʳ juillet 1829. Les escadrons de guerre, sous les ordres du colonel, furent alors dirigés sur Lunéville, et le dépôt, commandé par le lieutenant-colonel M. de Thierret, se rendit à Sedan. La place du lieutenant-colonel ne fut fixée que plus tard aux escadrons mobilisés. Les lieutenants généraux de Vitré, Vallin et de Nadaillac, qui avaient successivement inspecté le régiment, en avaient été très-satisfaits, ainsi que le témoignent leurs ordres laissés au corps.

Ce fut à Lunéville que le régiment apprit la révolution de Juillet; il l'accepta comme l'expression de la volonté du pays. Huit officiers cependant ne partagèrent pas ce sentiment, et, pour demeurer fidèles à leurs opinions, se retirèrent et se démirent de leur grade. M. le lieutenant général Sémélé, et le général commandant la division, investis de pouvoirs extraordinaires, passèrent le régiment en revue et pourvurent à leur remplacement.

A la fin de 1830, le régiment fut envoyé à Saint-Mihiel; M. de Montaigu-Lomagne avait demandé sa retraite à la suite des événements politiques, et avait été remplacé par M. Rogé, vétéran de nos grandes guerres, colonel depuis 1814, un des officiers de cavalerie les plus brillants de l'Empire. En 1831, il se rendit avec son régiment à Verdun pour recevoir le nouvel étendard des mains de Louis-Philippe, qui conféra en même temps huit décorations de la Légion d'honneur à des militaires du 8ᵉ.

Le régiment avait été inspecté cette année par M. le

général de la Roncière, et avait reçu les mêmes éloges qu'aux revues précédentes. Ces témoignages lui valurent l'honneur d'être appelé à l'armée du Nord que l'on formait pour porter secours à la Belgique menacée par la Hollande. Notre situation militaire avait continué à progresser, les effectifs des régiments s'étaient insensiblement augmentés, et l'on était revenu, à mesure que les circonstances l'avaient permis, aux saines traditions qui avaient fait notre cavalerie si forte au commencement du siècle. Les ordres de mobilisation portaient, pour la cavalerie légère et la cavalerie de ligne, la force de chaque escadron à 140 chevaux de troupe ; pour la cavalerie de réserve, à 125 chevaux de troupe. Il y avait, en outre, un cheval de trait et six hommes à pied par escadron. En sus des quatre escadrons de guerre, les dépôts devaient mobiliser les 5° et 6° escadrons, prêts à rejoindre les premiers. Que l'on était loin de la mobilisation de 1823 !

Le 8° cuirassiers devait former avec le 5° la brigade du maréchal de camp Rabusson de la division de cavalerie de réserve du lieutenant général Gérard.

Les escadrons mobilisés, sous les ordres du colonel Rogé, se réunirent au 5° cuirassiers à Verdun, dans les premiers jours d'août 1831. La brigade Rabusson reçut l'ordre de suivre dans sa marche les mouvements de la première division d'infanterie, commandée par le général Barrois, elle devait retrouver la 1re brigade et se mettre sous les ordres du général Gérard, sur le territoire belge.

Le régiment était le 9 août à Stenay;

— le 10 à Sedan;
— le 11 à Mézières;
— le 12 à Rocroy;
— le 13 à Philippeville;
— les 14, 15 et 16, à Charleroi;
— le 17 à Gembloux;
— du 18 au 25 à Jodoigne, avec la 1ʳᵉ batterie du 8ᵉ régiment d'artillerie attachée à la division;
— le 26 à Tourines;
— le 27 à Sombref;
— le 28 à Gosselies.

Il reste à Gosselies jusqu'au 3 septembre. Le 4, il se met en route pour Arras, par Mons et Valenciennes. Le quartier général de la division était établi à Lille.

L'armée du Nord, rentrée en France, fut réduite à 40,000 hommes. La division Gérard continua d'en faire partie; mais la brigade Rabusson fut remplacée dans la division par la brigade Farine, composée des 9ᵉ et 10ᵉ cuirassiers à Meaux et à Saint-Germain.

Le dépôt laissé à Saint-Mihiel alla en octobre à Pont-à-Mousson, en décembre à Toul; il y fut rejoint par les escadrons de guerre venant de l'armée du Nord, où ils s'étaient fait remarquer par leur tenue et leur discipline. Le régiment quitta Toul et arriva à Commercy le 16 janvier 1832; il avait perdu son valeureux colonel M. Rogé, nommé maréchal de camp le 5 janvier; son successeur était le colonel Hoffmann. M. Rogé avait fait toutes les campagnes de l'Empire, sans un

jour d'interruption et constamment aux escadrons de
guerre; ses états de service en font mention. Il avait
reçu quatre blessures, avait eu sept chevaux tués sous
lui, et deux citations pour de si brillants faits qu'on
les supposerait d'un autre âge, si l'authenticité pouvait en être contestée.

Le 8ᵉ passa l'année 1832 à Commercy; au mois de
novembre, il détacha pendant deux mois un escadron
à Fontainebleau, pour faire partie d'un régiment de
marche qui devait mettre à l'essai un nouveau modèle
de harnachement. Pendant le même mois, un incendie
éclata dans un quartier de la ville; le régiment se
porta avec beaucoup d'empressement sur le lieu du
sinistre, pour en arrêter les progrès. Plusieurs officiers,
sous-officiers et cavaliers se signalèrent par leur intrépidité et leur hardiesse à braver le danger.

1833. — Le colonel Hoffmann, appelé au commandement d'une légion de gendarmerie, fut remplacé par
le colonel Desaix. L'état-major et quatre escadrons
mobilisés partirent de Commercy le 12 août, et arri-
vèrent à Lunéville le 15, pour y faire de grandes
manœuvres. Ces escadrons rentrèrent à Commercy
le 15 octobre.

1834. — Conformément à l'ordonnance royale du
9 mars, le maréchal de camp Simoneau et le sous-
intendant de Serlay procèdent au licenciement du
6ᵉ escadron, qui est versé dans les autres. Nous le
verrons rétabli en 1854, supprimé en 1866, rétabli
en 1870, et supprimé encore en 1873.

Le 8ᵉ quitta Commercy le 1ᵉʳ mai, et arriva à Amiens

le 16. Dans le courant d'octobre, un violent incendie éclata dans une manufacture considérable de la ville : tout le régiment s'empressa de porter des secours. Le maire de la ville adressa au colonel, au nom de tous les habitants, des remerciments et des témoignages de reconnaissance pour les services signalés qu'avait rendus le 8ᵉ dans cette occasion.

1835. — Départ d'Amiens et d'Abbeville les 4 et 5 avril, et arrivée à Paris les 8 et 10 du même mois. Le régiment est caserné en entier à l'École militaire.

En 1836, le colonel de Dancourt remplace le colonel Desaix promu au grade de maréchal de camp, et le corps quitte Paris en octobre, pour se rendre à Toul.

1837-1838. — Dans le courant de cette dernière année, le régiment, sur ses cinq escadrons, ne peut en mobiliser que trois pour aller au camp de Lunéville. Le dépôt est envoyé à Epinal et vient se joindre aux escadrons mobilisés, le 10 octobre, à Lunéville, pour y tenir garnison.

1839. — Nouvelle mobilisation de trois escadrons, en janvier, pour faire partie du corps de rassemblement sur la frontière du Nord. Ces escadrons sont dissous en mai, et le régiment quitte Lunéville, pour aller à Arras, Hesdin et Saint-Omer.

1840 et 1841. — Garnisons disséminées sur toute la frontière du Nord, changeant souvent entre elles; essais de mobilisation de chaque escadron sur son quatrième peloton.

1842 et 1843. — Mêmes mouvements. Le régiment continue à être fractionné en plusieurs détachements.

1844. — En octobre, le régiment quitte Arras pour se rendre à Lunéville. Pendant la route, la deuxième colonne composée des 2° et 5° escadrons, à son passage à Clermont en Argonne, a contribué à arrêter les progrès d'un violent incendie qui a éclaté dans cette ville le 25 octobre.

M. le ministre, informé de ce sinistre, chargea M. le lieutenant général commandant la 3° division militaire de faire connaître par la voie de l'ordre du jour la belle conduite de cette colonne du régiment. Le ministre signale comme s'étant plus particulièrement distingués MM. Moreau, vétérinaire en 2°, qui a été blessé ; Vasseur, brigadier élève fourrier ; Cauchy, brigadier ; Benoit, cuirassier de 1° classe, et Loret, trompette.

1845. — Garnison à Lunéville, sous les ordres de M. le maréchal de camp de Résigny, commandant la brigade permanente de cette ville.

1846. — Au mois de juin, les 1° et 2° escadrons sont allés à Nancy, où des troubles avaient éclaté ; ces escadrons ont contribué à la défaite de l'émeute et au maintien de l'ordre. M. le maréchal de camp Lefebvre de Gouy, commandant le département de la Meurthe, donna des éloges à la conduite des troupes dans cette position difficile.

Une division de manœuvre, composée de 4 régiments de cavalerie de réserve, est formée à Lunéville, par ordonnance du 8 juin, pour faire l'essai des manœuvres Itier.

Le régiment a formé 4 escadrons complets.

Cette division était commandée par le lieutenant général comte de Mornay, ayant sous ses ordres les maréchaux de camp Kœnig et Lefebvre de Gouy. Ces manœuvres ont duré deux mois. Elles ont été suivies et commandées pendant quelques jours par M. le duc de Nemours.

M. le capitaine Féray, qui devait être plus tard général de division et président du comité de cavalerie, est nommé chef d'escadrons au régiment.

Au mois de juillet, le colonel de Dancourt est mis à la retraite et remplacé au régiment par M. le colonel Porcher.

Le 5 octobre, départ de Lunéville pour Maubeuge.

1847. — Garnison à Maubeuge, avec détachements à Avesnes et Landrecies, changeant tous les six mois.

1848. — Le 27 mars, le régiment quitte Maubeuge pour aller à Cambrai.

Pendant cette longue période, le 8ᵉ cuirassiers a toujours reçu de ses inspecteurs généraux les éloges les plus flatteurs, a donné à l'intérieur des preuves de courage et de dévouement, et s'est fait remarquer par sa précision dans les manœuvres, sa belle tenue et sa discipline.

VIII

La révolution de 1848 ne trouve pas de démissionnaires au 8ᵉ cuirassiers, comme celle de 1830. Le nouvel étendard fut remis au corps dans le mois de novembre, sur la place de Cambrai, par le général de brigade, commandant le département du Nord; cette cérémonie fut précédée de la lecture et de la promulgation de la Constitution et suivie d'un *Te Deum*. M. le colonel Porcher avait été mis en non-activité quelques semaines auparavant et remplacé par M. le colonel Rey.

1849. — Le régiment est toujours à Cambrai, avec un escadron à Saint-Quentin.

1850. — Le 15 avril, départ de Cambrai pour Colmar, où l'on arrive le 3 mai; un escadron est détaché à Mulhouse. Dans le courant de mai, quatre escadrons furent mobilisés; ils se rendirent à Strasbourg le 22 pour être passés en revue par le président de la République. Détachement d'un escadron à Neuf-Brisach, en octobre.

1851. — Quatre escadrons continuent à être mobilisés; le 3ᵉ escadron est dépôt.

1852. — Le colonel Rey avait été remplacé par le baron Boyer. Le régiment quitte Colmar et vient tenir garnison à Moulins, avec un escadron à Nevers. Le 30 mai, le colonel Boyer, qui s'était rendu à Paris avec une députation pour assister à la distribution des aigles, fit la remise de son étendard au régiment. Les officiers prêtèrent, à cette revue, le serment prescrit par la Constitution.

M. le maréchal de Saint-Arnaud, ministre de la guerre, se rendant à Vichy, s'arrêta à Moulins le 17 juin. Il vint au quartier, fit sonner à cheval à l'improviste, et témoigna au colonel sa satisfaction pour la promptitude avec laquelle le régiment s'était mis sous les armes. Le prince président de la République passa le 8ᵉ cuirassiers en revue à son passage à Moulins.

1853. — L'escadron détaché à Nevers rentra à Moulins; c'était la première fois depuis 1846 que le régiment se trouvait réuni.

1854. — Le colonel reçoit l'ordre de mobiliser quatre escadrons, pour faire partie des brigades actives de l'armée de Lyon.

Le 12 mars, M. le général Jamin, commandant la subdivision de l'Allier, assisté de M. de Cappe, sous-intendant, procède à cette mobilisation. Les quatre escadrons de guerre sont portés à 132 hommes et 112 chevaux chacun, et le régiment part pour Versailles. Le dépôt reste à Moulins; le 1ᵉʳ mai, la guerre d'Orient nécessite la formation du 6ᵉ escadron.

Le 20 juin, les 4ᵉ et 6ᵉ escadrons et le dépôt quittent Moulins, pour aller tenir garnison à Meaux. Le 1ᵉʳ escadron fait le service près de l'empereur, à Saint-Cloud, pendant le mois de juillet.

Les 2ᵉ et 3ᵉ escadrons sont partis de Versailles, le 10 juillet, pour se rendre à Paris, où ils sont casernés provisoirement au quartier Marbœuf.

1855. — Les escadrons de guerre sont portés à 180 hommes et 130 chevaux; le régiment est passé en revue, le 4 juin, par l'empereur et le roi de Portugal; il assiste, le 18 août, à l'entrée de la reine d'Angleterre à Paris, et à la revue passée par l'empereur en sa présence, le 24 août.

Le dépôt est envoyé de Meaux à Provins. Dans le courant d'octobre, la division Korte, dont faisait partie le régiment, la division de Chalendar, campée à Saint-Maur, et les deux régiments de cavalerie de la garde manœuvrent sur le plateau de Satory, au commandement de l'empereur, en présence du duc de Brabant. Cette masse de cavalerie se composait de 40 escadrons.

En octobre, nouvelle manœuvre de la division Korte, commandée par l'empereur, à laquelle assistait le duc de Cambridge.

Quelques jours après, le régiment est passé en revue par l'empereur et le roi de Piémont.

1856. — M. Théremin, lieutenant-colonel au régiment, remplace le colonel Boyer, nommé général de brigade.

23 février. Revue passée à Saint-Cloud par l'empereur.

En mars, départ de Versailles pour Cambrai, avec détachement à Bapaume. Le 5 avril, le régiment est remis sur le pied de paix.

Par sa lettre du 3 août, le général commandant l'école de cavalerie informe le colonel du régiment que Son Exc. le ministre de la guerre l'a chargé, par sa dépêche du 30 juillet, de témoigner particulièrement sa satisfaction, par la voie de l'ordre, à M. Blot (Joseph), sous-lieutenant au régiment, détaché à l'école en qualité d'officier d'instruction, pour le dévouement qu'il a montré au moment des inondations de la Loire.

1857. — Le détachement de Bapaume, supprimé, est remplacé par celui de Landrecies.

1858. — Le maréchal Magnan, commandant supérieur des 1ʳᵉ, 2ᵉ, 3ᵉ et 4ᵉ divisions militaires, voit le régiment sous les armes et charge le colonel de lui témoigner sa satisfaction par un ordre du jour. Départ de Cambrai en octobre pour aller tenir garnison à Haguenau. Un peloton est détaché à Strasbourg, pour le service du général commandant la 6ᵉ division militaire.

1859. — Le régiment est passé en revue par le maréchal Canrobert, commandant supérieur des troupes de l'Est. Mobilisation des quatre premiers escadrons; les 5ᵉ et 6ᵉ escadrons sont dépôt. Le 13 octobre, le régiment est remis sur le pied de paix.

1860. — Les quatre premiers escadrons sont mobilisés et partent le 24 mars pour Versailles : le dépôt et les 5e et 6e escadrons vont à Rambouillet. La division de cavalerie de Versailles est commandée par le général d'Allonville.

Le régiment assiste à la revue passée au champ de Mars par l'empereur, le 14 juin, à l'occasion de l'annexion à la France de Nice et de la Savoie. Le 1er août, nouvelle revue par l'empereur, au bois de Boulogne.

1861. — Revues au bois de Boulogne, les 25 avril et 9 août. Autre revue de l'empereur, au champ de Mars, en présence du roi de Suède.

1862. — Le régiment quitte Versailles au mois d'avril pour se rendre à Sarreguemines, Saint-Avold et Sarrebourg. Le 4 mai il est démobilisé.

1863. — Le maréchal de Mac-Mahon, duc de Magenta, commandant supérieur des divisions de l'Est, a passé le 19 juillet, à 4 heures du soir, la revue du régiment, et a fait exécuter plusieurs mouvements. Il s'est rendu ensuite au quartier, où il a complimenté MM. les officiers sur la précision des manœuvres et la tenue du régiment. Le lendemain 20, il quittait Sarreguemines pour se rendre à Saint-Avold, où il voyait les escadrons qui y étaient détachés. Il avait déjà passé la revue du 4e escadron, en garnison à Sarrebourg.

1864-1865. — Les 5e, 6e, 1er et 2e escadrons sont mobilisés et quittent Sarreguemines, le 8 mars, pour faire partie de la division active de Lunéville (le dépôt à Epinal). La division est commandée par le général de Planhol, et le régiment forme avec le 9e cuirassiers la 2e brigade, sous les ordres du général baron de Juniac.

Au mois de juillet, la division vint faire de grandes manœuvres au camp de Châlons, que commandait le maréchal Niel. Le colonel Théremin y reçoit sa nomination de général de brigade, et est remplacé par le colonel de la Rochefoucauld.

1866. — Suppression du 6° escadron et reconstitution du régiment à 5 escadrons. MM. les généraux de Planhol et de Juniac sont remplacés par MM. les généraux Desvaux et de Montaigu.

1867. — Les escadrons mobilisés partent de Lunéville les 22 et 23 avril pour se rendre à Versailles, où ils font partie de la division de cavalerie, qui avait à sa tête le général de Noue. Le 8° forme, avec le 9° cuirassiers, la brigade du général Lepic. Le 3° escadron et le dépôt sont envoyés à Joigny.

Licenciement de la musique.

Le 6 juin, le régiment est passé en revue au bois de Boulogne par l'empereur, accompagné de l'empereur de Russie ; quelques mois après, nouvelle revue, à laquelle assiste l'empereur d'Autriche.

1868. — M. le général Lepic est remplacé par M. le général de Montaigu, sous les ordres duquel le régiment s'était déjà trouvé à Lunéville.

Dans le courant de mai, revue de l'empereur au bois de Boulogne.

Le cuirassier Hillairet reçoit le 22 août une médaille de 2° classe, en argent, pour s'être signalé par un acte de courage et de dévouement.

1869. — Par décret du 27 février, M. le colonel de la Rochefoucauld est admis à la pension de retraite.

M. Guiot de la Rochère est nommé colonel du régiment.

Le général de Noue passe au cadre de réserve et a pour successeur dans son commandement le général de Clérambault.

Le 7 mai, revue de l'empereur, accompagné du prince de Galles et de l'archiduc Louis-Victor d'Autriche.

Dans le courant de septembre, les escadrons mobilisés et le dépôt quittent Versailles et Joigny pour se rendre à Vesoul.

De 1848 à 1870, le 8ᵉ cuirassiers a su mériter des éloges des généraux qui l'ont inspecté ou qui l'ont eu sous leurs ordres. Le service y était bien compris, la tenue belle, les manœuvres bien exécutées et l'esprit de corps excellent.

Notre organisation, sous le gouvernement de Juillet, la République et l'Empire, a reçu bien des modifications. Le nombre des régiments a été tour à tour augmenté et diminué : les lanciers, les chasseurs d'Afrique, les spahis ont été créés; on a formé la cavalerie de la garde. Comme ces remaniements ont laissé les cuirassiers intacts, nous n'avons pas cru devoir les mentionner.

La cavalerie vivait depuis un demi-siècle sur les traditions des généraux du premier empire, qui avaient composé nos règlements; cependant, avant même 1860, on commence à trouver insuffisante l'ordonnance de 1829. On la considérait toujours comme une œuvre parfaitement étudiée; mais en présence du nouvel armement et des progrès de l'artillerie, le rôle de la cavalerie changeait, il devenait beaucoup plus vaste; les grandes charges d'Eylau, de la Moskowa, de Waterloo, qui furent la gloire de nos pères, avaient fait leur temps. Nos régiments devaient être en avant des armées plutôt que sur le champ de bataille; il fallait des exercices pratiques sur le service en campagne, l'application des excellents principes du général de Brack; et, pour satisfaire à ces exigences et à ces idées nouvelles, le travail individuel, l'escrime à cheval, une nouvelle méthode de dressage, un règlement sur la voltige étaient successivement mis en pratique dans nos régiments. Ces travaux, parallèles à l'ordonnance de 1829, font bientôt sentir la nécessité de les fondre en un seul code. Aussi une commission prépare, en 1869-1870, une nouvelle ordonnance modifiée, s'inspirant de ces divers exercices. En 1870, ce travail n'est pas encore terminé. M. le colonel Guiot de la Rochère est membre de la commission chargée de cette révision.

La qualité des chevaux a toujours été en s'améliorant; on peut regretter toutefois l'introduction dans les corps de quelques races trop petites et de quelques types trop légers pour un service sérieux de campagne.

Les effectifs sont malheureusement très-faibles. Le 6ᵉ escadron a été supprimé dans les régiments de réserve et de ligne pendant cette année de 1866, si grosse de présages; défalcation faite des chevaux de remonte et de quelques sujets trop vieux, destinés à l'instruction des recrues, on se trouve en présence d'un chiffre bien restreint par escadron. Cette diminution des effectifs a commencé surtout après la guerre d'Italie; l'économie prédominant toujours dans les questions militaires, on l'a exagérée. Les mobilisations de 1831 et de 1854 sont devenues une impossibilité, et ce fait est d'autant plus fâcheux qu'on aura moins de temps pour se préparer, et que, plus que jamais, la cavalerie doit être la pointe de l'armée. Déjà, dans la guerre du Mexique, il a fallu recourir aux régiments de marche, expédient des situations extrêmes, qui jette la désorganisation dans les corps.

Nos cavaliers sont bien disciplinés; ils ne donneront pas le spectacle de ces quelques scènes de désordre qui nous ont affligés dans des moments difficiles, au milieu de nos désastres. Ils manœuvrent bien, peut-être même *trop bien*, car leur instruction a été presque exclusivement dirigée vers ce but. L'équipement est en état; l'armement excellent, si on le compare à celui des autres cavaleries de l'Europe; le harnachement, quoique susceptible d'améliorations, n'est pas trop défectueux; il est surtout solide, bien confectionné, bien entretenu.

C'est dans ces conditions que la cavalerie française va se présenter devant l'ennemi. Son organisation est solide, sa discipline forte, son dévouement au pays et au devoir absolu; si elle n'est pas complétement prête à la guerre, elle l'est du moins relativement beaucoup plus que les autres armes.

Voyons-la à l'œuvre.

IX

LE RÉGIMENT À LA DIVISION DE CAVALERIE DU 1ᵉʳ CORPS DE L'ARMÉE DU RHIN. — BATAILLE DE FROESCHWILLER. — RETRAITE SUR CHALONS.

Le 8ᵉ cuirassiers se trouvait réuni à Vesoul pour la première fois depuis dix ans ; les escadrons furent démobilisés, et l'on s'occupa immédiatement de mettre dans le meilleur état tous les effets et l'armement. L'instruction des officiers reçut une impulsion nouvelle. Des questions militaires furent traitées, d'une manière sérieuse, dans des conférences ; elles valurent même à un de leurs auteurs des félicitations du regretté général Abel Douay, commandant la 7ᵉ division militaire. Le service en campagne fut étudié et pratiqué ; plusieurs fois par semaine des pelotons étaient envoyés en reconnaissance dans des localités environnantes, et, au retour, leurs commandants remettaient un croquis du terrain parcouru, un itinéraire et un rapport sur les dispositions qu'ils avaient prises.

Les recrues montèrent à cheval tous les jours à l'intérieur, ou au manége, sous la direction des mêmes instructeurs que rien ne pouvait distraire de ce service.

Au commencement d'avril, ils étaient à l'école d'escadron et reprenaient, avec les anciens cavaliers, l'école de peloton qu'ils venaient de terminer. Cette progression, exactement suivie, permit, au mois de juillet, de les comprendre dans les escadrons mobilisés où ils ne furent pas les moins bons.

Le dressage des jeunes chevaux était mené avec une sage lenteur. Dans la grosse cavalerie, ils ne peuvent faire qu'à six ans un travail sérieux; c'était à cet âge seulement qu'ils quittaient la remonte pour être versés dans les escadrons; le travail du dressage, toujours mesuré à leurs forces, ne faisait que les développer, sans les fatiguer prématurément, et ils arrivaient excellents dans le rang et pour bien des années. Les revues trimestrielles passées par le général Halna du Fretay, commandant la subdivision, avaient débarrassé le régiment par de judicieuses réformes de tous les chevaux usés, malingres ou peu susceptibles de faire un bon service.

Quand la guerre fut déclarée à l'Allemagne, au mois de juillet, ces prescriptions avaient donné d'heureux résultats. Le régiment se trouvait dans des conditions qui permirent de le mobiliser en quarante-huit heures, avec le plus grand ordre. Les hommes étaient munis de leurs effets réglementaires, moins le campement qu'ils ne reçurent que plus tard; les officiers choisirent leurs deuxièmes montures, et chacun se disposa au départ avec un réel enthousiasme. Les réservistes n'avaient pas encore rejoint; conformément aux instructions ministérielles, les escadrons de guerre comprenaient 105 chevaux de troupe, nombre que cependant ne purent atteindre la plupart des régiments qui allaient entrer en campagne. Il y avait, en outre, 20 hommes à pied par escadron, ce qui était beaucoup, et un cheval de trait avec une voiture à deux roues pour les bagages. Que la suppression du 6ᵉ escadron fut regrettée alors, et quels services il aurait rendus !

Le régiment devait faire partie de la division de cavalerie du 1ᵉʳ corps de l'armée du Rhin, que commandait en chef le maréchal de Mac-Mahon.

Voici la composition de la division de cavalerie :

Commandant, général Duhesme.

1ʳᵉ brigade, général de Septeuil	3ᵉ hussards. 11ᵉ chasseurs.
2ᵉ brigade, général de Nansouty	2ᵉ lanciers. 6ᵉ lanciers. 10ᵉ dragons.
3ᵉ brigade, général Michel	8ᵉ cuirassiers. 9ᵉ cuirassiers.

Le dépôt et le 2ᵉ escadron restaient à Vesoul, sous les ordres du major Tondon.

Le tableau suivant indique la composition de l'état-major et des 1ᵉʳ, 3ᵉ, 4ᵉ et 5ᵉ escadrons qui étaient mobilisés.

État-major :

MM. Guiot de la Rochère, colonel ;

Lardeur, lieutenant-colonel ;

Maurin et Mariani, chefs d'escadrons ;

MM. de Najac et Dubautbourg, capitaines adjudants-
   majors;

   de la Noue et Lerat, lieutenant et sous-lieutenant d'état-major;

   Bernardet, officier payeur;

   Kruch, sous-lieutenant, porte-étendard;

   Guérin, médecin-major;

   Bardéche, vétérinaire en premier;

   Bergeon, vétérinaire en deuxième.

1ᵉʳ escadron :

MM. Girod, capitaine commandant;

   Lot, capitaine en deuxième;

   Lacombe, lieutenant en premier;

   Benoit, sous-lieutenant;

   Jacquinet, sous-lieutenant;

   Greslebin, sous-lieutenant;

   Mouret, sous-lieutenant.

3ᵉ escadron :

MM. Daudel, capitaine commandant;

   Delmas, capitaine en deuxième;

   Rousseau, lieutenant en premier;

   Fabre, lieutenant en deuxième;

   Habary, sous-lieutenant;

   Huckel, sous-lieutenant;

   Gaudin de Villaine, sous-lieutenant.

4ᵉ escadron :

MM. Ginot, capitaine commandant;

   Oizan, capitaine en deuxième;

   Boisaubin, lieutenant en premier;

   Paillard, lieutenant en deuxième;

MM. Mandoul, sous-lieutenant ;

    Revacly, sous-lieutenant ;

    Germain, sous-lieutenant.

5ᵉ escadron :

MM. Faget, capitaine commandant ;

    Bourru, capitaine en deuxième ;

    Müller, lieutenant en premier ;

    de Chappedelaine, sous-lieutenant ;

    Boluix, sous-lieutenant ;

    de Quinemont, sous-lieutenant ;

    Berger, sous-lieutenant.

Le 19 juillet, le régiment reçut l'ordre de partir le 21, pour se rendre à Strasbourg, par étapes. Son départ s'accomplit au milieu de toute la population de Vesoul qui s'était portée dans les rues et sur les places pour lui témoigner à son passage toutes ses sympathies. La musique de la ville précédait les trompettes.

Voici l'itinéraire suivi :

21, Luxeuil ; 22, Remiremont ; 23, Épinal ; 24 et 25, Rambervillers, où l'on fait séjour ; 26, Raon-l'Étape ; 27, Schirmeck ; 28, Molsheim, où l'on reçoit l'ordre de tourner Strasbourg et de s'établir au nord de la ville, à Brumath ; 29, Brumath.

Partout le 8ᵉ cuirassiers reçut l'accueil le plus chaleureux.

Le régiment alla camper dans les vastes prairies qui s'étendent au sud-est de Brumath, où se trouvaient déjà l'état-major de la division, le général Michel et le 9ᵉ cuirassiers. Le bivouac des deux régiments était sur la même ligne et dans l'ordre de bataille. La troupe reçut son campement, et dès le premier jour se mit au courant des diverses particularités de l'établissement du bivouac. La brigade, couverte au nord par les 1re et 2e divisions d'infanterie, campées à Wœrth, et les brigades de Septeuil et de Nansouty, à Seltz et à Soultz-sous-Forêts, se gardait à l'est par une grand'garde et des petits postes parcourant les rives de la Zorn dans la direction du Rhin. L'emplacement de la grand'garde était auprès du château de M. le baron de Schauenbourg, à Geudertzheim.

Les 30 et 31 juillet, les 1er, 2 et 3 août, les cavaliers se conformèrent dans les habitudes de la vie de campagne. Les généraux Duhesme et Michel parcoururent le camp, donnant de sages conseils; le général Michel prescrivit de lever le camp, et après une manœuvre le fit réinstaller pour ôter à chacun toute incertitude en cas d'alerte. La brigade vit successivement passer sur son flanc gauche les divisions Raoult et Lartigue, et la réserve d'artillerie allant de Strasbourg à Haguenau, et prit elle-même leur gauche le 4 août, à midi, ayant à sa tête les généraux de division et de brigade.

Dès notre arrivée à Haguenau, le régiment s'installa dans le quartier de cavalerie, reçut ses distributions et se tint prêt à repartir au premier signal, car la rumeur publique annonçait le combat de Wissembourg. Le maréchal de Mac-Mahon, avec son état-major, entra à Haguenau à 4 heures et donna l'ordre à toutes les troupes de se porter en avant.

Le régiment monta à cheval, prit la route de Wœrth,

traversa la forêt de Haguenau et, à sa sortie, se forma dans des prés entourés de houblons, non loin des villages d'Hagueney et de Morsbronn, où il devait se battre quarante-huit heures après. Il passa la nuit, la bride au bras, pour laisser la route libre aux 3ᵉ et 4ᵉ divisions d'infanterie et à l'artillerie du 1ᵉʳ corps.

Au jour, le défilé était terminé et le régiment se remettait en marche pour aller camper dans la vallée de l'Eberbach, en arrière du village d'Eberbach. Le 5, au soir, le bivouac fut porté un peu au nord. En avant se trouvait une partie de la 4ᵉ division ; le régiment se gardait sur son flanc droit; la moitié des chevaux restèrent sellés toute la nuit, et les tentes ne furent pas dressées, malgré une pluie qui ne cessa qu'au jour.

Le 6 août, vers 6 heures du matin, le temps s'était éclairci; quelques coups de canon se firent entendre : c'était la bataille de Freschwiller qui commençait. Nous étions prêts à nous mettre en selle, quand M. le capitaine de Vogué, officier d'ordonnance du maréchal, vint nous donner l'ordre de nous porter sur le champ de bataille à 1,500 ou 2,000 mètres de notre campement. Les bagages, les chevaux de main et les hommes à pied furent laissés au bivouac, sous le commandement de M. le sous-lieutenant de Chappedelaine, avec l'intendance de la division et la prévôté qui avaient pour les couvrir un escadron du 9ᵉ cuirassiers.

Le régiment traversa l'Eberbach et gravit, par un chemin creux, la chaîne de collines qui le sépare de la Sauer, puis prit position en arrière de la droite de la

4ᵉ division d'infanterie, couvert sur son front par quelques compagnies en tirailleurs et une batterie d'artillerie. Il était déployé dans un champ à 100 mètres en avant du 9ᵉ cuirassiers, entre le Niederwald et la côte 233, dissimulé à la vue de l'ennemi par la ligne des crêtes. Il mit pied à terre une demi-heure après, exposé au feu de l'artillerie ennemie placée sur le plateau de Gûnstett, dont les projectiles tombaient en avant et en arrière de nos rangs, en frappant quelques hommes.

A midi, le feu prit plus d'intensité ; le régiment monta à cheval, exécuta un changement de front sur son aile droite et se tint prêt à entrer en action.

La fusillade s'était insensiblement rapprochée ; le sifflement des balles se faisait entendre à nos oreilles, la batterie d'artillerie placée devant nous avait déjà changé plusieurs fois de position : toute l'infanterie était engagée. Il ne restait plus de réserves à la disposition du général commandant la 4ᵉ division. A ce moment l'ennemi tournait notre droite et attaquait en même temps, avec la plus grande vigueur, le village d'Elsasshausen pour séparer la division de Lartigue de la division Raoult. Ses colonnes nombreuses, formées du 11ᵉ corps prussien et de la division wurtembergeoise, étaient protégées par une batterie de 60 pièces.

Nos troupes se trouvaient très-compromises par ce double mouvement ; les balles venaient frapper les artilleurs sur leurs pièces, et leurs chevaux ; nos tirailleurs reculaient : la retraite en bon ordre était impossible. Un effort héroïque pouvait seul arrêter la marche

en avant des lignes prussiennes et permettre aux nôtres
de se replier. Ceux qui le tentaient n'avaient à espérer
ni secours ni appui ; c'était une attaque désespérée que
la situation exigeait.

A ce moment le général de Lartigue fit prier le colonel du 8ᵉ cuirassiers de lui venir en aide ; sur l'ordre
du général Duhesme qui se trouvait à quelques pas de
nous, le régiment se mit en mouvement au pas, comme
à la manœuvre, traversa le chemin creux qu'il avait
suivi pour se porter sur le terrain, et se présenta à l'ennemi. Dans sa marche, qui n'avait été que de 150 à
200 mètres, il avait déjà perdu quelques hommes.

Le sol descendait en pentes assez accentuées vers la
Sauer et le village de Morsbronn, situé au sud-est ; il
était parsemé de pommiers et de houblonnières qui en
faisaient une sorte d'immense verger. Les tirailleurs
ennemis étaient partout, couchés à terre, cachés derrière les arbres, à genoux dans les fossés. L'artillerie
dominait ces pentes qu'elle couvrait de projectiles. Le
colonel terminait ses dispositions pour charger, quand
le général Michel se mit à notre tête et le régiment partit au galop vers Morsbronn.

La 22ᵉ division d'infanterie, du 9ᵉ corps prussien, avait
déjà occupé Albrecht-Hauserhof et Morsbronn et se
portait sur les flancs du Niederwald pour l'attaquer par
l'est. Le 2ᵉ régiment d'infanterie de Thuringe n° 32,
colonel Foerster, était en première ligne ; le 5ᵉ régiment
de Thuringe n° 94, *colonel de Bessel*, en deuxième ligne,
avec leurs deuxièmes bataillons, en colonnes de compagnies, couvertes de tirailleurs en avant. La droite de

cette attaque était protégée par le 1" régiment de hussards de Hesse n° 13, *lieutenant-colonel de Henduck.*

Sous un feu vraiment épouvantable qui nous fit beaucoup souffrir, le régiment traversa les lignes de tirailleurs, que soutenait une vive fusillade, partant à gauche d'Albrecht-Hauserhof; il reçut les salves des bataillons des deux régiments d'infanterie, déployés en ligne, et s'écoula par leurs intervalles ou par leurs ailes; deux escadrons tournèrent Morsbronn, les deux autres sautèrent sur la route placée en contre-bas où beaucoup de chevaux s'abattirent, et s'engagèrent dans les rues; des maisons déjà occupées, l'ennemi nous fusillait au passage. Quelques cavaliers continuèrent à suivre la rue et tombèrent sous les balles de nouvelles troupes arrivant dans la direction de Durrenbach et de Walbourg.

Le plus grand nombre se jeta à droite, près de l'église, pour tenter de rentrer dans nos lignes, regagna les hauteurs, et nos débris, auxquels s'étaient joints quelques lanciers du 6° régiment, dont deux escadrons avaient chargé après nous, eurent encore à soutenir l'attaque du 13° hussards, derrière lequel nous étions arrivés. Après une courte mêlée où ce régiment eut 1 homme tué, 23 blessés et 35 chevaux hors de combat, on repassa sur la rive droite de l'Eberbach, et l'on s'engagea dans cette partie de la forêt de Haguenau connue sous le nom de Sang-Wald, où l'on trouva enfin un abri.

Cette petite colonne sortit du bois, traversa le chemin de fer de Bitche à Haguenau, tourna à droite et

s'arrêta dans une prairie, près du village de Nieder-
Gumbrechtshoffen. A ce moment la prise d'Elsasshausen,
en flammes, amenait un effondrement dans notre ligne,
entre les 3ᵉ et 4ᵉ divisions ; les Allemands se précipitèrent dans la voie qu'ils venaient de s'ouvrir, et
dirigèrent sur nous un feu de mousqueterie très-sou-
tenu. Il ne fallait pas songer à une charge nouvelle
que nous interdisait la chaussée du chemin de fer en
remblai, bordée de fortes haies. Nous nous retirâmes
alors sur Saverne, par Bouxviller, après avoir vu toute
l'étendue de notre désastre.

Nous arrivâmes à Saverne à 11 heures du soir ; les
hommes étaient en selle depuis seize heures sans avoir
pris de nourriture ; les chevaux étaient exténués après
une journée aussi pénible, sous un poids très-lourd
qu'augmentait encore une réserve d'avoine de quatre
jours. La place du marché de Saverne était libre ; on y
attacha les chevaux ; la gendarmerie donna quelques
fourrages, et les hommes se couchèrent dans leurs manteaux.

Ce fut alors qu'il fut possible d'apprécier nos pertes ;
elles étaient énormes. Les officiers avaient été très-
éprouvés. MM. les capitaines de Najac et Lot, le lieutenant Fabre, les sous-lieutenants Revacly et Habary
étaient tués ; MM. le capitaine Ginot, les lieutenants
Rousseau, Paillard, Bernardet, les sous-lieutenants Germain, Huckel et Greslibin avaient reçu des blessures.

Beaucoup d'officiers eurent leurs chevaux tués sous
eux ; quelques-uns seulement purent en arrêter parmi
ceux qui erraient sans cavalier sur le champ de ba-

taille, et se remettre en selle sous les balles. Les autres, blessés ou moins heureux, restèrent aux mains de l'ennemi. C'étaient MM. les capitaines Delmas et Bourru, les lieutenants Boisaubin et Paillard, et les sous-lieutenants Benoit, Lerat, Germain et Gaudin de Vilaine.

La plus grande partie des bagages et des chevaux de main fut enlevée par les Allemands ou se retira à Strasbourg.

C'était la première fois que le 8e cuirassiers se trouvait sur un champ de bataille depuis qu'il avait été reformé ; il venait de se montrer digne de son glorieux passé. Dans cette charge de 3 kilomètres, sous un feu terrible, il avait justifié sa vieille réputation et ajouté un nouveau titre à ceux dont il s'honore. Ces paroles du général de Lartigue, en le lançant à l'ennemi : « Allez-y comme à Waterloo », avaient été comprises.

Ceux qui aujourd'hui écrivent l'histoire de cette grande et si triste guerre n'ont que de l'admiration pour ces braves régiments qui se jetèrent sur les Allemands avec le plus brillant courage et l'esprit de sacrifice le plus absolu.

« Le maréchal de Mac-Mahon appréciait à sa juste mesure l'importance « de la reprise du village pour la conservation de sa position. Il fit avancer « de Freschwiller contre ce village une forte colonne d'infanterie appuyée « par une brigade de cuirassiers et une brigade de lanciers. Le feu de l'in- « fanterie et de l'artillerie repoussa les attaques vigoureusement conduites, « et le village d'Elsasshausen resta aux mains des Prussiens. La cavalerie « française qui venait de se sacrifier ainsi pour rétablir le combat, dans un « terrain excessivement défavorable et sous un feu vraiment effroyable, « subit de grandes pertes. Les deux régiments de cuirassiers de la brigade « Michel y furent presque totalement anéantis. » (*Opérations des armées allemandes, depuis le début de la guerre jusqu'à la catastrophe de Sedan et la capitulation de Strasbourg, par le colonel A. Borbstedt.*)

« La cavalerie française nous offre aussi un noble exemple à Wœrth, quand « elle tenta d'ouvrir la communication du centre avec l'aile droite, inter-

Le lendemain 7 août, les régiments se rallièrent à Saverne, car les Prussiens, trompés sur notre ligne de retraite, n'avaient poursuivi que mollement. Le 8ᵉ, en bataille sur la place, vers 9 heures, prit la route de Phalsbourg que suivait déjà l'artillerie, et vint bivouaquer aux Quatre vents dans une petite prairie à gauche de la route.

A 7 heures du soir il était sur les glacis de Phalsbourg, et la division réunie gagnait Sarrebourg par une longue et pénible marche de nuit. Elle quittait Sarrebourg le 8, vers 11 heures, avec un temps affreux, et venait coucher à Blamont au milieu de terrains à moitié inondés. Le 9, elle bivouaquait dans le bosquet de Lunéville, toujours sous une pluie torrentielle, et se dirigeait sur Nancy. Mais la marche de l'ennemi l'obligea à se jeter plus au sud. Le 10, elle était à Bayon; les 11 et 12, à Colombey-les-Belles; le 13, à Neufchâteau, où elle trouvait le 10ᵉ dragons; le 14, à Poissons; le 15, à Saint-Dizier; le 16, à Vassy; les 17 et 18, à Saint-Remy en Bouzemont et près de Vitry; les 19, 20, 21, au camp de Châlons.

« ceptée par la marche en avant des Prussiens sur Elsasshausen. La brigade
« de lanciers Nansouty, et particulièrement la brigade de cuirassiers
« Michel (8ᵉ et 9ᵉ régiments), attaquèrent les Prussiens avec la plus grande
« impétuosité. Les deux régiments de cuirassiers furent presque détruits
« par le feu de l'infanterie prussienne qui s'appuyait sur la rive gauche
« de la Sauer. Il resta 150 hommes de ces régiments. Il est impossible
« de donner une plus grande preuve de valeur et de bonne volonté à se
« sacrifier pour son armée. Les efforts demeurèrent infructueux, mais l'histoire rappellera ce trait d'héroïsme. » (Revista militare.)

« Les attaques du 11ᵉ corps allemand avaient déjà refoulé vers le sud les
« divisions Lartigue et Conseil-Dumesnil (7ᵉ corps). Mac-Mahon fit alors des
« efforts désespérés pour rétablir sa jonction avec son aile droite. La brigade de lanciers Nansouty, et surtout la brigade de cuirassiers Michel,
« attaquèrent avec impétuosité les Prussiens et les Wurtembergeois qui

Cette retraite fut longue et pénible; le temps était mauvais, les routes suivies toujours excentriques, pour laisser les plus directes à l'infanterie et à l'artillerie ; les étapes se faisaient au pas; beaucoup de chevaux blessés de coups de feu marchaient avec peine. Dans tous les départements traversés, les habitants, qui avaient appris l'héroïque conduite de la brigade Michel à Freschwiller, venaient sur le seuil de leurs portes, et nous donnaient des marques non équivoques de leurs sympathies et de leur tristesse, en présence de l'invasion. Près de Vitry, le régiment avait reçu un détachement monté du 10ᵉ cuirassiers, qui vint commencer sa réorganisation.

« débouchaient par Elsasshausen. Les deux régiments de cuirassiers furent « presque anéantis par l'infanterie prussienne et l'artillerie de la rive gauche « de la Sauer. Il ne resta pas plus de 150 hommes de ces deux magnifiques « régiments. » (*Guerre des frontières du Rhin 1870-71*, par le colonel de Rustow.)

« L'attaque des lanciers ne paraît pas avoir dépassé la hauteur d'Elsass- « hausen et fut repoussée avec pertes. Les régiments de cuirassiers, au con- « traire, se précipitèrent comme un sauvage ouragan. Arrivés dans le ter- « rain battu par le feu de l'infanterie et de l'artillerie, ils tombèrent par « files tels qu'ils avaient avancé. La brigade de cavalerie Michel qui avait « exécuté là des charges dignes d'admiration, mais restées sans résultat, « s'était sacrifiée en vain. Elle laissa près des deux tiers de ses cavaliers « sur le plateau. Au 8ᵉ cuirassiers, sur 600 hommes, 170 seulement survé- « curent ; les officiers furent presque tous tués ou blessés.

« L'histoire des guerres modernes ne fournit qu'un seul exemple d'un « pareil mépris de la mort et d'un semblable esprit de dévouement dans « la cavalerie. Nous voulons parler de ce que l'on appelle *la chevauchée de* « *mort* de la brigade de cavalerie anglaise de lord Cardigan, à Inkermann, le « 25 octobre 1854, dans la vallée de la Tchernala. » (*Unsere-Zeit*, revue contemporaine allemande, 8ᵉ année, 5ᵉ fascicule, page 860; *Guerre de l'Allemagne contre la France*, par Karl Yunk.)

X

ARMÉE DE CHALONS. — MARCHE SUR SEDAN. — BATAILLE
DE SEDAN. — CAPITULATION.

Le régiment prit trois jours de repos au camp de
Châlons et se débarrassa, en les envoyant au dépôt, de
ses chevaux blessés par les projectiles, des armes et
des harnachements traînés à sa suite par des voitures
de réquisition. Il se renforça de 30 chevaux venant de
l'école de cavalerie.

« En second lieu, les 8ᵉ et 9ᵉ cuirassiers, qui avaient consi-
« dérablement souffert dans les admirables charges exécutées
« par eux à Freschwiller, présentaient un effectif tellement
« réduit que ces deux régiments durent être fondus en un
« seul[1]. »

Les hommes disponibles du 9ᵉ, quoique plus nombreux que nous, furent versés dans le 8ᵉ, qui avait
conservé son colonel.

Le 10ᵉ dragons est distrait de la brigade Nansouty,
et forme avec le 8ᵉ, après la fusion des deux régiments
de cuirassiers, la brigade Michel.

[1] *Journal des marches et opérations du 1ᵉʳ corps à partir du camp de Châlons.*

La division Duhesme continuait à faire partie du 1er corps placé sous les ordres du général Ducrot, le maréchal de Mac-Mahon prenant le commandement de l'armée de Châlons.

Le 21, l'armée se dirigea sur Reims, et la division de cavalerie campa et passa la journée du 22 dans de vastes plaines, près de Cormontreuil, sur les bords de la Vesle. Le régiment reçut 150 hommes montés, expédiés, sous la conduite de M. le lieutenant Deveaux, par le dépôt qui avait quitté Vesoul pour se rendre à Moulins. Les cavaliers étaient des réservistes qu'on avait eu le temps d'équiper.

Ces éléments divers manquaient de cohésion; personne ne connaissait ces hommes à peine immatriculés qui arrivaient de plusieurs régiments; cependant mêlés à ce qui restait des anciens cavaliers du 8e et bien encadrés, ils se montrèrent disciplinés, et firent très-bonne contenance devant l'ennemi.

L'armée de Châlons, qui devait d'abord couvrir Paris, dut se diriger sur Montmédy et Metz, par une marche de flanc à grand rayon. Elle se mit en route le 23. Le soir elle campait sur la Suippe : le régiment était au Petit-Saint-Hilaire. Ce fut dans ce bivouac que le colonel mit à l'ordre les décorations et nominations qu'avait values au 8e sa brillante conduite à Freschwiller.

Etaient promus dans la Légion d'honneur :

Au grade de commandeur : M. Guiot de la Rochère, colonel.

Au grade de chevalier : M. Duhautbourg, capitaine;

MM. Rousseau, lieutenant;

de la Noue, lieutenant d'état-major;

Kruch, sous-lieutenant;

Hückel, sous-lieutenant;

Berger, sous-lieutenant.

Médaille militaires [1] :

MM. Touren, maréchal des logis chef;

Mourlaud, maréchal des logis;

Pastour et Magnac, brigadiers;

Caubin et Verdel, cavaliers de 1ʳᵉ classe.

Nominations :

Au grade de lieutenant-colonel au 1ᵉʳ cuirassiers : M. Mariani, chef d'escadrons;

Au grade de chef d'escadrons : M. Daudel, capitaine commandant;

Au grade de capitaine : MM. Muller et Lacombe, lieutenants;

Au grade de lieutenant : MM. Boluix et de Quinemont, sous-lieutenants;

Au grade de sous-lieutenant : MM. Pecqueur et Dufour, adjudants;

Légier, maréchal des logis chef.

Ces décrets portaient la date du 20 août.

Des bords de la Suippe, l'armée va camper le 24 sur la Retourne; le régiment est à Ville-sur-Retourne. Le 25 elle allait sur l'Aisne, la division de cavalerie à Attigny.

[1] Depuis la paix, bien d'autres médailles ont été données au régiment. Sur les propositions du colonel, MM. les généraux inspecteurs ont appelé la bienveillance de M. le ministre de la guerre sur nos glorieux blessés de Freschwiller.

« Ce même jour, M. le général Duhesme était obligé, par le
« mauvais état de sa santé, de remettre au général Michel le
« commandement de la division de cavalerie du 1er corps, et
« était autorisé à se rendre à Paris, où il succombait quarante-
« huit heures après son arrivée [1]. »

M. le colonel Perrot, du 10e dragons, prenait le commandement de la brigade.

L'ordre de mouvement pour le 26 porte : « La cava-
« lerie partira demain à 6 heures, prendra la route
« qui conduit à Roche, de Roche à Voncq, où elle
« passera le canal et l'Aisne, et s'établira sur le plateau
« de Voncq à hauteur de Semuy, entre le canal et le
« bois de Voncq. » Cet ordre fut exécuté, la distance
était courte, et l'on arriva de bonne heure au bivouac; il
tomba, dans la journée, de fortes pluies qui détrempè-
rent le sol argileux de ces contrées, et rendirent les
campements détestables.

Nous reçûmes un détachement de 20 hommes, un
brigadier et un sous-officier, versés au 8e cuirassiers
par le dépôt du 7e lanciers, en garnison à Moulins. Ils
venaient augmenter le nombre déjà trop considérable
de nos hommes à pied, et charger de leurs armes des
voitures de réquisition que l'on ne trouvait plus. Ce jour-
là même, pour alléger la marche et diminuer ses con-
vois, le général Ducrot donna les ordres les plus précis
pour que les bagages fussent réduits au strict nécessaire,
et que l'excédant des voitures, les non-valeurs, les
cavaliers à pied, les chevaux blessés fussent dirigés sur

---

[1] *Journal des marches et opérations du 1er corps depuis le camp de
Châlons.*

Tourteron, et de là sur leurs dépôts respectifs. Cette mesure si juste nous débarrassa de tout ce qui ne nous était pas indispensable. Le 3e escadron, sous les ordres de M. le lieutenant Rousseau, fut chargé de conduire à Tourteron ces *impedimenta*, et nous rejoignit, sa mission terminée.

Le 26, la cavalerie du 7e corps avait échangé à Grand-Pré des coups de feu et des coups de sabre avec des régiments saxons; une attaque paraissait imminente. La division de cavalerie du 1er corps reçut l'ordre de porter son bivouac au sud de Voncq, sur les bords de l'Aisne. Le 27, ce mouvement fut exécuté. Ce même jour, la 5e division de cavalerie de réserve prussienne (Rheinbalen) était en marche sur Attigny, et deux escadrons du 15e hussards venaient tirailler sur notre front, le lendemain, avant midi, avec quelques pelotons du 10e dragons. Cet engagement n'eut pas de suite, mais il indiquait que les Allemands nous suivaient dans notre marche.

Le 28, le 1er corps d'armée quitta Voncq et alla au Chêne-Populeux; la division de cavalerie par les Alleux et la grande route de Vouziers, où s'était produit un encombrement inextricable d'hommes, de chevaux de main, d'artillerie, qui ne nous permit d'atteindre notre campement qu'à 11 heures du soir. Des averses continuelles défonçaient les routes et rendaient les bivouacs impraticables; à peine si l'on pouvait attacher les chevaux; le sol ne retenait pas les piquets de tente; la nuit se passa à la pluie et dans la boue.

Le 29, l'encombrement n'avait pas cessé; le régi-

ment, marchant toujours sur la Meuse, ne monta à cheval pour aller à Raucourt que vers 10 heures, au
bruit de la fusillade de nos grand'gardes sur les éclai-
reurs prussiens, qui étaient sur nos traces depuis Voncq.
Il prit la route de Stonne par les grandes Armoises,
traversa le défilé de Stonne, et reçut au bas de la côte
une distribution de biscuit. Les éclairs lointains de
l'artillerie lui annonçaient le combat de Bois-les-Dames;
à partir du défilé, tout le 1ᵉʳ corps suivait la même
route; la marche était lente, quoique le temps fût
devenu meilleur, et l'on campa à la nuit dans les gorges
de Raucourt.

Le 30, le corps d'armée dut effectuer le passage de
la Meuse à Remilly; la division de cavalerie fit une
halte près de ce village, pour laisser trois divisions
d'infanterie traverser la rivière; elle la franchit ensuite
sur un bac transformé en ponton et relié aux bords
par deux jetées en terre, puis elle se forma en colonne
serrée dans les plaines de la rive droite, et marcha sur
Carignan. Un soleil splendide éclairait ces magnifiques
campagnes et donnait à chacun de l'espoir et de la
confiance. Le passage de la Meuse était protégé par la
division L'Hérillier et la brigade de Septeuil. Dans
notre marche nous entendions distinctement le canon
de Beaumont et de Mouzon. Nous étions à Carignan
entre 7 et 8 heures, et nous établissions notre camp
dans un verger, sur la rive droite du Chiers, entre
Carignan et Blagny.

Le passage de la Meuse avait été une opération difficile pour les 5ᵉ et 7ᵉ corps, surtout après l'échec du

5ᵉ corps à Beaumont, où il avait eu à combattre les armées du prince royal de Prusse et du prince royal de Saxe. Continuer à marcher sur Montmédy dans ces conditions devenait très-périlleux; aussi l'armée française dut-elle se concentrer à Sedan, et le 1ᵉʳ corps l'y rejoindre le lendemain. A minuit, nos hommes allèrent à la gare chercher de l'avoine dans un immense convoi sur rails, qu'on se disposait à brûler pour ne pas le laisser tomber entre les mains de l'ennemi. C'était une excellente aubaine, car les distributions étaient devenues très-irrégulières surtout en avoine et en fourrages; ces denrées furent les dernières que l'on put se procurer. Les munitions en gare à Carignan avaient été déjà expédiées sur Sedan; mais au moment où le transport des approvisionnements allait commencer, le chef de gare apprit que la ligne était occupée par l'ennemi à Pontmangy, à quelques kilomètres de la ville.

Le 31, vers 8 heures du matin, le général Ducrot, deux divisions d'infanterie et la division de cavalerie se mirent en marche vers l'ouest. Les deux autres divisions, arrêtées la veille à Douzy, s'étaient repliées sur Sedan, suivant un ordre du maréchal. La garde prussienne marchait sur Carignan, et le 12ᵉ corps (saxon) se plaçait sur la rive gauche du Chiers, dans l'angle compris entre le Chiers et la Meuse. Le pont de Douzy n'avait pas été détruit, et le village n'était que très-faiblement occupé. Les bagages des 12ᵉ, 7ᵉ et 5ᵉ corps défilaient par la route de la vallée du Chiers dans un assez grand désordre, amené par le combat de la veille. L'infanterie tenait les hauteurs par Osnes,

Messincourt, Pourru, Francheval, Villers-Cernay et Givonne. La division de cavalerie marchait à travers champs entre les deux. Toutes les dispositions de combat étaient prises pour assurer notre flanc gauche mal protégé par le Chiers; elles nécessitèrent de fréquents arrêts dans la marche. Le convoi, canonné à grande distance des hauteurs de Remilly, fut inquiété par un régiment de cavalerie de la garde saxonne qui avait traversé le Chiers par Brevilly, et s'était même avancé jusqu'à Pourru-Saint-Remy; mais en présence des forces qu'il trouva déployées, il battit en retraite. Le 17ᵉ hulans déboucha de Douzy vers les 3 heures, se jeta sur le convoi qui, dans un désarroi complet, essaya de remonter sur les hauteurs de la rive droite, et resta en partie aux mains de l'ennemi, dont les coureurs se portèrent jusqu'à la ferme de Francheval. La division avait des escadrons prêts à charger, mais le général Ducrot, pour ne pas retarder son mouvement de retraite, préféra disposer en échelons quelques batteries avec des bataillons et des régiments de cavalerie de soutien; l'ennemi, du reste, se borna à nous observer à grande distance, sans attaquer.

A la nuit, nous étions à Givonne, où nous fîmes une longue halte forcée, devant un de ces encombrements de route si fréquents dans cette guerre; enfin nous nous remettons en mouvement, et vers 11 heures nous bivouaquons sur les coteaux en face de Bazeilles et de Balan, à côté du 12ᵉ corps. Il ne fallait pas songer à des distributions; les cordes sont tendues, les chevaux attachés au milieu de la plus profonde obscurité; et roulés dans nos manteaux, nous attendons le jour.

Une vive fusillade éclatant sur le front du 12ᵉ corps, contre les Bavarois de von der Thann, nous réveilla un peu avant 5 heures. Un brouillard très-épais s'élevait des vallées et ne permettait pas de distinguer le théâtre de la lutte. Les régiments montent à cheval et se forment sous les obus qui viennent tomber à une centaine de mètres en arrière. La division quitte son campement, traverse la route de Sedan à Bouillon, et, après avoir longé le bois de la Garenne, monte avec beaucoup de peine sur le plateau d'Illy, où se trouvaient déjà plusieurs régiments de cavalerie. Un feu très-violent d'artillerie l'accueillit et lui fit éprouver quelques pertes. La position était trop en l'air à cette heure pour s'y maintenir avec d'aussi faibles forces, les pièces trop loin pour les charger en terrain découvert ; on dut se retirer.

Le régiment ayant à sa tête le colonel Guiot de la Rochère, deux escadrons du 10ᵉ dragons, avec le colonel Perrot, commandant la brigade, redescendirent la pente d'Illy et prirent position en avant du bois de la Garenne, à la droite de la division de cavalerie de réserve du général Bonemains.

Les obus pleuvaient autour de nous ; nous étions les témoins, la mort dans l'âme, des héroïques, mais inutiles efforts de l'artillerie et de l'infanterie, sans trouver une occasion vivement désirée de prendre part à la lutte. Écrasées par le nombre, nos troupes reculèrent ; pour le régiment, cette retraite se fit au pas et dans le plus grand ordre, et l'amena près de la citadelle où les batteries de Wadelincourt lui firent les honneurs de plusieurs salves. Après avoir pris plusieurs positions dont le feu de l'ennemi le délogeait, dans un terrain coupé de haies et de murs de clôture qui ne lui permettait pas d'agir, il fut refoulé sur les glacis.

Le brouillard s'était dissipé depuis longtemps devant un beau soleil qui ne laissait perdre aucun des détails de la défaite ; l'armée se retirait avec beaucoup de précipitation dans la place, par les portes, les fossés, les poternes ; le drapeau blanc qui flottait sur la ville, dont le bombardement était commencé, avait arrêté le feu et la marche des Allemands sur presque tous les points. Les escadrons entrèrent, à leur tour, dans Sedan et se formèrent dans la cour du quartier de cavalerie qui précède le manége. Nos troupes, malgré leur courage, avaient dû céder devant des forces triples, et étaient étroitement bloquées sans pouvoir espérer de sortir et de se déployer, tant l'ennemi occupait solidement les positions dominantes.

Le 2, le régiment entendait avec une morne douleur la lecture des articles de la capitulation qu'avait rendue nécessaire le manque de vivres, auquel venait se joindre l'impossibilité de se défendre derrière les remparts. On distribua du biscuit aux hommes, 50 centimes par cavalier et 1 franc par sous-officier pour suppléer à l'insuffisance des rations. Il ne restait plus qu'à se soumettre aux ordres du vainqueur.

Le 3 septembre, nous montons à cheval à 9 heures, nous passons sur la rive gauche de la Meuse et nous

nous formons dans le faubourg de Torcy. Après une demi-heure d'attente, nous rompons à la suite des derniers escadrons de la division Bonemains, et nous allons nous constituer prisonniers dans une presqu'île formée par la Meuse, à l'ouest de Sedan, et fermée à la gorge par le canal. Des pelotons bavarois, l'arme au pied, regardent défiler les escadrons et les voient s'entasser, avec tout ce qui avait été l'armée de Châlons, dans un étroit espace défoncé par les pluies qui avaient recommencé le 2, et devaient continuer jusqu'au 12, pour rendre plus pénible encore cette atroce situation. Le 8ᵉ se groupa autour du village de Villers, sans abris, sans autres vivres que quelques caisses de biscuit obtenues à grand'peine du quartier général allemand par le général Ducrot, des chevaux que l'on abattait et des pommes de terre que les hommes allaient arracher dans les champs; cette dernière ressource fit même bientôt défaut. Les cavaliers du régiment se montrèrent jusqu'au dernier jour disciplinés, pleins d'égards et de déférence pour leurs chefs dont ils ne se séparèrent qu'avec regret, le 5 septembre, pour être acheminés sur Pont-à-Mousson, escortés par quelques compagnies bavaroises. Ceux qui ont subi ces humiliations, ces privations de toute sorte, qui ont vu toute l'immensité de ce désastre et de ces douleurs, en ont conservé au fond de leurs cœurs des impressions ineffaçables qui nous relèveront en des temps plus heureux.

Les officiers, après le départ de leur troupe, se retirèrent dans la maison de campagne de M. Bacot, située à Glaire, où étaient déjà venus chercher un asile autant

d'hommes qu'elle en pouvait contenir. Le colonel
Guiot de la Rochère et le lieutenant-colonel Lardeur
partirent à cheval et par étapes, le 6, pour Pont-à-
Mousson, où ils se remirent entre les mains de la
commandature allemande, qui les envoya à Mayence,
puis à Aix-la-Chapelle et Wiesbaden. Les autres officiers quittèrent la presqu'île le 8; ils furent conduits
à pied jusqu'à Remilly-près-Metz, d'où le chemin de fer
les transporta à Mersebourg (Saxe), lieu de leur inter-
nement. Les escadrons mobilisés du 8ᵉ cuirassiers,
après avoir noblement fait leur devoir devant l'ennemi,
étaient momentanément perdus pour notre pays, subis-
sant toutes les horreurs de l'invasion.

XI

DÉPÔTS. — 8ᵉ RÉGIMENT DE CUIRASSIERS DE MARCHE. — IL EST FONDU AVEC LE 8ᵉ RÉGIMENT DE CUIRASSIERS. — DEUXIÈME SIÉGE DE PARIS (1870-1871).

Dès le début de la guerre, on avait dû recourir à la formation du 6ᵉ escadron dans les régiments de cavalerie de réserve et de ligne. L'escadron de dépôt fournit avec beaucoup de peine les sous-officiers; quant aux officiers, ils furent choisis en grande partie dans les régiments faits prisonniers à Sedan ou bloqués sous Metz, et l'on dut les remplacer par de nouveaux promus pris encore dans les dépôts déjà si pauvres, dans les officiers de la non-activité, les sous-officiers de gendarmerie, enfin les retraités rappelés momentanément à l'activité. La continuation de la guerre exigea bientôt de nouvelles formations; d'anciens cavaliers de vingt-cinq à trente-cinq ans, des réservistes, des remplaçants, des engagés volontaires pour la durée de la guerre affluèrent de tous côtés; on acheta des chevaux, quel que fût leur âge, leur provenance ou leur origine, et, après une instruction très-sommaire, on constitua des escadrons péniblement encadrés. Si l'on joint à ces difficultés les déplacements continuels que nécessitait l'approche de l'ennemi, le manque absolu d'effets de harnachement, d'habillement et d'équipement, on pourra mesurer l'immensité de la tâche créée par la réorganisation de la cavalerie. Certes, le général Lefort sut trouver des ressources que personne ne soupçonnait; l'industrie privée et l'étranger donnèrent, dans la mesure de leurs moyens et du temps dont on disposait, ce qui nous faisait défaut; chacun se mit courageusement à l'œuvre; et si tant de travail et d'activité ont été insuffisants, il faut reconnaître que notre arme ne s'improvise pas, qu'elle exige une longue préparation graduellement amenée pendant la paix, pour donner son effort suprême au jour du combat.

Le dépôt du 8ᵉ cuirassiers, à Moulins, fournit quatre escadrons à des régiments de marche qui prirent part aux opérations des 16ᵉ, 17ᵉ et 19ᵉ corps, sur la Loire et dans l'Ouest.

Dans ces régiments, il en est un dont l'histoire nous appartient, c'est le 8ᵉ régiment de cuirassiers de marche.

Il a été formé à Limoges le 7 janvier 1871, et placé sous les ordres de M. le lieutenant-colonel Humblot. Les quatre escadrons qui ont concouru à sa formation appartenaient aux 1ᵉʳ, 4ᵉ, 5ᵉ et 6ᵉ cuirassiers. Deux de ces escadrons étaient déjà en campagne dans les environs de Vendôme, où l'état-major devait les rejoindre; mais les armées allemandes occupant la vallée du Loir, la destination du régiment fut changée. Il reçut l'ordre de se rendre au Mans par les voies ferrées, où il arriva en gare, le 9 janvier, à 10 heures du soir. On l'incorpora dans la division de cavalerie du 17ᵉ corps (général Guillon).

Il alla s'établir à Coulaine, ne prit pas part à la bataille du Mans, suivit la 2ᵉ armée dans sa retraite, traversa la Mayenne et se cantonna vers le milieu de janvier à Chatillon-sur-Colmont. Il y fut rejoint par les deux autres escadrons commandés par le chef d'escadrons Schemmel, qui avaient opéré depuis le commencement de décembre, avec la colonne mobile de Tours sous les ordres des généraux Pisani et Cléret. Employés d'abord à couvrir la retraite de la division Morandy, après son échec de Chambord, ils protégèrent ensuite le chemin de fer du Mans et tinrent les débouchés de Château-Renault sur Amboise, Blois, Vendôme, Montoire, villes occupées par l'ennemi.

Le 2 janvier, la colonne mobile de Tours est fusionnée avec le 16ᵉ corps, et placée sous les ordres du général de Curten; les cuirassiers occupent Boulay et sont jusqu'au 8 janvier en contact avec l'ennemi; ils assistent au combat de Vilthion, et sont désignés ensuite pour escorter des bagages et de l'artillerie sur Vierzon.

Le 15, ils reçoivent l'ordre de rétrograder; le 28 janvier, l'armistice les trouve à Beaugé, et le 4 février ils faisaient à Chatillon-sur-Colmont leur jonction avec l'état-major et les deux autres escadrons du 8ᵉ de marche. Le régiment réuni quitte Laval, le 14 février, et se rend à Lusignan par Craon, Vane, Saint-Jean-de-Lignières, Brissac, Launay, le Puy, Thouars, Ervaux, Mareuil et Latillé.

A Lusignan, la division est licenciée, et le 8ᵉ de

marche est dirigé sur Moulins, où il arrive le 24 mars.

Le colonel Guiot de la Rochère, rentré des premiers de captivité, avait repris son commandement le 17 mars. Il reforma son régiment avec le dépôt, le 8ᵉ de marche et les prisonniers rendus par les Allemands. Cette réorganisation, obtenue en peu de temps, grâce à la vigoureuse impulsion du chef de corps et aux efforts de tous pour le seconder, nous valut d'être appelés à Versailles pour faire partie de l'armée qui devait rétablir l'ordre et défendre l'Assemblée nationale contre l'insurrection.

En vertu des prescriptions du ministre de la guerre, en date du 28 mars, l'état-major et les deux premiers escadrons quittent Moulins et se rendent à Versailles par les voies ferrées, en passant par le Mans et Chartres, pour éviter les départements occupés par l'ennemi. Ils arrivent le 5 avril, et campent près de la Faisanderie, dans l'allée des Matelots.

Les 3ᵉ et 4ᵉ escadrons, qui étaient allés à Montluçon et à Nevers pour prévenir un soulèvement en faveur de la Commune, sont venus nous rejoindre les 7 et 13 avril.

Par arrêté du chef du pouvoir exécutif, en date du 6 avril, l'armée de Versailles était placée sous les ordres du maréchal de Mac-Mahon. Le 8ᵉ cuirassiers faisait partie du 3ᵉ corps (général du Barrail), de la division Ressayre, et formait avec le 4ᵉ cuirassiers la brigade Bachelier. Le 15, le 3ᵉ corps prend position au sud-est de Versailles, dans les villages en avant des forts et à l'abri de leurs feux, pour garder la ligne de la Seine à

Bièvres. Le régiment quitte son campement pour se rendre à Palaiseau, où les hommes et les chevaux sont logés chez l'habitant. Ce jour-là même le lieutenant-colonel Lardeur venait nous rejoindre, à sa rentrée de captivité.

Le 21, reconnaissance avec le 9ᵉ lanciers, sous les ordres du général de Bernis, dans les villages d'Antony, la Croix-de-Berny, Fresnes, Rungis et Choisy-le-Roi. Dans la nuit du 30, démonstration contre les villages les plus rapprochés des Hautes-Bruyères.

Le lieutenant-colonel Lardeur est nommé colonel et appelé au commandement du 7ᵉ dragons.

L'armée de Versailles entre le 20 mai à Paris. Le 3ᵉ corps se rapproche des forts que tenaient toujours les insurgés; le 8ᵉ se cantonne à Massy et Wissous, le 25 à Fresnes et Rungis, et le 29 il va tenir garnison à Paris, quartier des Célestins.

L'inspection générale est passée par le général Ressayre, qui se montre très-satisfait de la reconstitution du régiment et de l'excellent état dans lequel il le trouve.

Le 5 septembre, le régiment est caserné à l'École militaire.

Par ordre de M. le maréchal commandant en chef l'armée de Versailles, le 8ᵉ cuirassiers passe de la 3ᵉ division du 3ᵉ corps dans le 2ᵉ, sous le commandement du général de division Halna du Fretay. La brigade est sous les ordres du général Dargentolle.

Le 28 mars, le régiment quitte Paris pour se rendre à Versailles, où il occupe le quartier de Croy. M. le général Halna du Fretay inspecte le régiment le 6 sep-

tembre, et lui donne les témoignages les plus flatteurs de sa satisfaction dans son ordre laissé au corps.

M. le général Dargentolle est nommé à la fin de mai 1873 général de division et président du comité de gendarmerie. M. le général de Montarby le remplace dans le commandement de la brigade.

L'inspection générale est passée par M. le général de division Halna du Fretay, qui se montre très-content du régiment.

La division du territoire en 18 régions, et la répartition des régiments en divisions et brigades actives, amènent le 3 novembre la dissolution de la 1re division de cavalerie de réserve. Elle est réorganisée le même jour sous les ordres du général de division vicomte Bonnemains, et se compose de la 1re brigade de dragons et de la 2e brigade de cuirassiers commandée par le général de Tucé. Le 2e cuirassiers forme avec le 8e cette brigade.

Le 28 mars, M. le général vicomte Bonnemains était appelé au commandement de la 2e division de cavalerie et remplacé à celui de la 1re par le général baron Ameil, qui passe l'inspection générale et continue au régiment les félicitations qu'il avait reçues les années précédentes.

Nous avons vu le 8e cuirassiers prendre part à toutes nos grandes guerres depuis Louis XIV; quels qu'aient été les gouvernements de notre pays ou les généraux qui l'ont commandé, il s'est toujours fait remarquer par sa fermeté, sa bravoure et son dévouement.

Ces grandes qualités militaires, ces nobles traditions

nous ont été transmises comme un legs sacré, un glorieux héritage que nous venons d'augmenter encore dans la dernière guerre. Puissent ceux qui viendront après nous porter avec honneur notre numéro et tenir haut et ferme notre drapeau !

XII

NOMS DES COLONELS ET DES INSPECTEURS GÉNÉRAUX DU RÉGIMENT.

Noms des colonels :

1665. Duc d'Aumont.

1668. Comte de Villequier.

1672. Comte de Revel.

1678. Comte de Montgon.

1697. Marquis de Bonneval.

1711. Comte de Beuseville.

1734. Marquis d'Havrincourt.

1748. Marquis de Lostanges.

1762. Chevalier de Rey.

1764. Comte de Laigle.

1774. Comte de Durfort-Civrac.

1786. Vicomte d'Ecquevilly.

1788. Comte Charles de Lameth.

1792. Randan de Pully.

1792. Desprès-Marlière.

1795. Doré.

1796. Espagne.

1799. Baron MERLIN.

1809. Baron GRANDJEAN.

1812. LEFAIVRE.

Cent-jours. GARAVACQUE.

1826. Baron DE SAINT-GENIÈS.

1826. Comte DE MONTAIGU-LOMAGNE.

1830. ROGÉ.

1832. HOFFMANN.

1833. DESAIX.

1835. DE DANCOURT.

1846. PORCHER.

1848. REY.

1850. BOYER.

1856. THÉREMIN.

1865. DE LA ROCHEFOUCAULD.

1869. GUIOT DE LA ROCHÈRE.

1875. HUMBLOT.

Noms des généraux qui ont inspecté le régiment :

1826. Comte DE VITRÉ, lieutenant général.

1827. Vicomte VALLIN,   —

1828. Marquis DE NADAILLAC, maréchal de camp.

1829. .....

1830. Comte SÉMÉLÉ, lieutenant général.

1831. Comte Clément DE LA RONCIÈRE, lieutenant
          général.

1832. Comte DE FRANCE, lieutenant général.

1833. Vicomte PRÉVAL,   —

1834. Comte DE LA ROCHE-AYMON, —

1835. Comte Gentil-Saint-Alphonse, lieutenant général.

1836. Comte de Sparre, lieutenant général.

1837. Comte Dejean,   —

1838. Le même,   —

1839. Baron Subervie,   —

1840. Comte Grouchy, maréchal de camp.

1841. Comte Dejean, lieutenant général.

1842. .....

1843. .....

1844. Baron Desmichels,   —

1845. Comte de Dampierre,   —

1846. Comte de Mornay,   —

1847. Comte Ordener,   —

1848. De Bremond d'Ars, général de brigade.

1849. De Lawoestine, général de division.

1850. D'André,   —

1851. Prévost,   —

1852. .....

1853. .....

1854. Korte,   —

1855. Le même,   —

1856. Vicomte de Bois-le-Comte, —

1857. Le même,   —

1858. Le même,   —

1859. Reibell,   —

1860. D'Allonville,   —

1861. Le même,   —

1862. Comte Gudin,   —

1863. Vicomte de Champéron, —

1864. DE PLANHOL, général de division.
1865. Le même,   —
1866. Le même,   —
1867. Vicomte DE NOUE,   —
1868. Comte DE CLÉRAMBAULT, —
1869. Le même,   —
1870. .....
1871. RESSAYRE,   —
1872. HALNA DU FRETAY, —
1873. Le même,   —
1874. Baron AMEIL,   —

FIN.

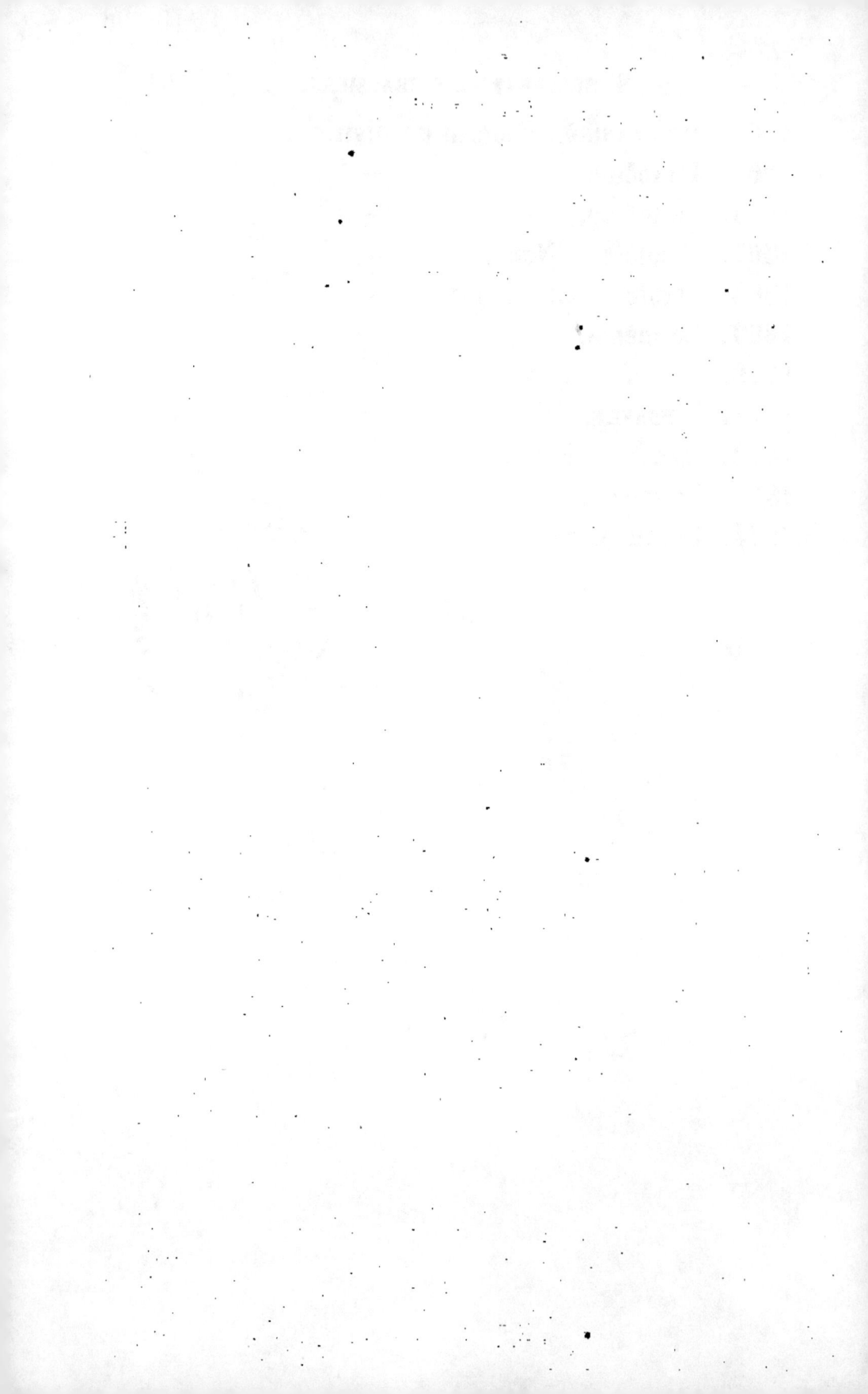

TABLE DES MATIERES

—

Evreux, A. Hérissey & Fils, imp. - 178.

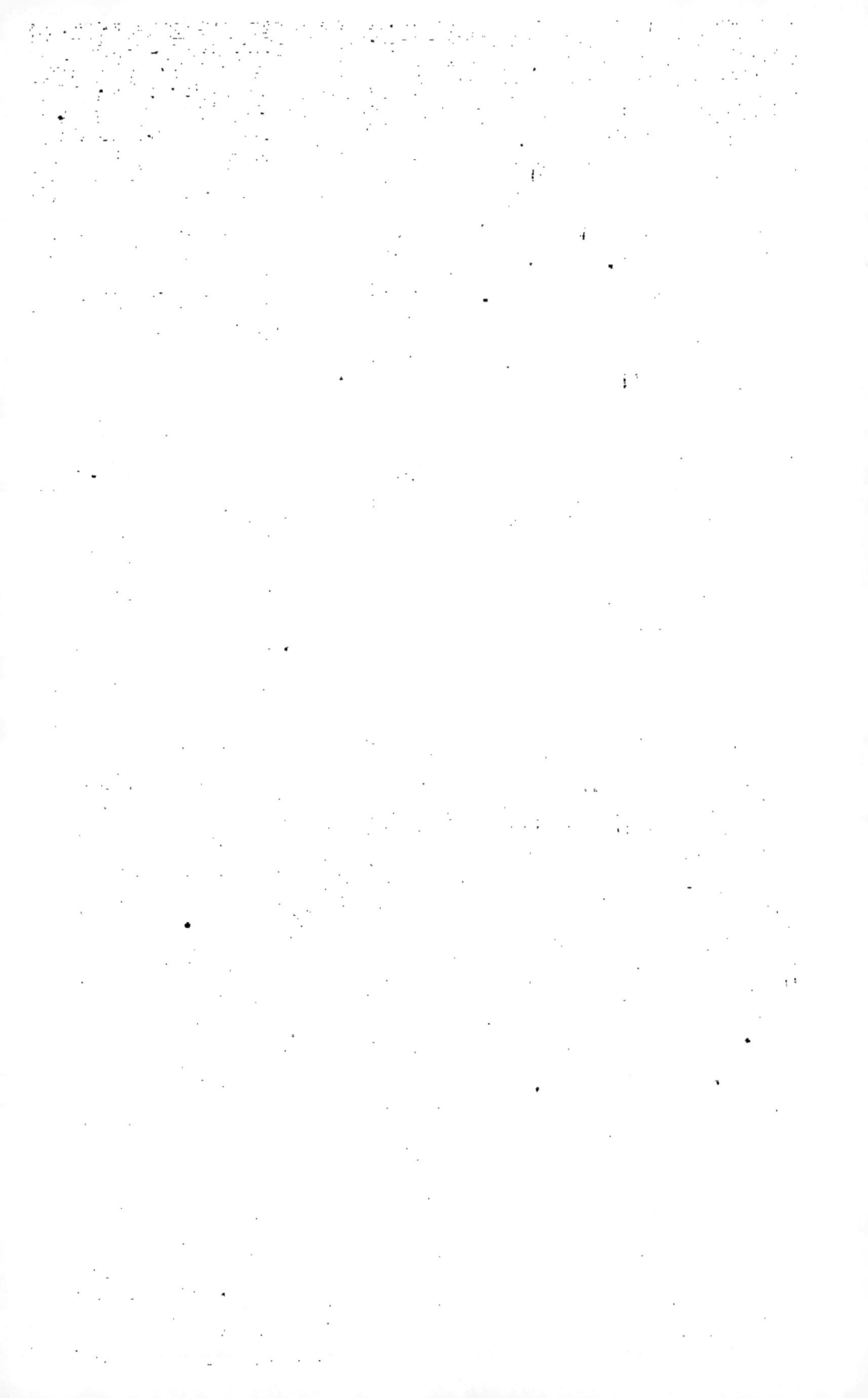

ÉVREUX, IMPRIMERIE DE A. HÉRISSEY ET FILS

Contraste insuffisant

NF Z 43-120-14

www.ingramcontent.com/pod-product-compliance
Lightning Source LLC
Chambersburg PA
CBHW070016110426
42741CB00034B/1980